大公司用人才
小公司用能人

张俊杰◎著

中国言实出版社

图书在版编目（CIP）数据

大公司用人才　小公司用能人 / 张俊杰 著.
—北京: 中国言实出版社, 2012.7
ISBN 978-7-80250-955-9

Ⅰ.①大…
Ⅱ.①周…
Ⅲ.①公司—企业管理—人事管理
Ⅳ.①F276.6

中国版本图书馆 CIP 数据核字(2012)第 132991 号

出版发行　中国言实出版社
　　　　　　地　址：北京市朝阳区北苑路 180 号加利大厦 5 号楼 105 室
　　　　　　邮　编：100101
　　　　　　电　话：64924716（发行部）　　64924735（邮　购）
　　　　　　　　　　64924880（总编室）　　64928661（二编部）
　　　　　　网　址：www.zgyscbs.cn
　　　　　　E-mail：zgyscbs@263.net
经　　销　新华书店
印　　刷　北京晨旭印刷厂
版　　次　2012 年 8 月第 1 版　　2012 年 8 月第 1 次印刷
规　　格　710 毫米×1000 毫米　1/16　22 印张
字　　数　430 千字
定　　价　36.00 元　　ISBN 978-7-80250-955-9/F·421

序言
管人用人是个技术活儿

日本经营之神松下幸之助说："创业初期，我走在前头；发展阶段，我站在中间；而发展后期，我站在后面。"

公司从小到大，老板要扮演领头雁、教练员、掌舵人的角色，与之对应，在用人上也会有不同的要求。

中关村曾流传着"三个企业家找到三个科学家，成就三个著名企业"的故事。在这个故事中，柳传志找到倪光南、张玉峰找到王选、万润南找到王缉志，分别开发出联想汉卡、方正激光照排、四通打字机，从而最终打造出联想、方正、四通三块闪亮的 IT 企业金字招牌。

几个真正出色的能人，抵得上 1000 个普通的员工。选对能人，用好能人，一个小公司可以焕发出勃勃生机，迎来长大的机会。

那么，大公司正常运营、持续发展，需要什么样的人作为"顶梁柱"呢？

大公司用人才,小公司用能人

　　台湾《商业周刊》杂志总裁金惟纯: "大公司老板的最高境界就是: 他不在公司时, 公司还可以成长。" 做到这一点, 老板必须倚重专业性人才, 通过充分授权实现良治。

　　2001年, 鸿海集团旗下的富士康控股公司成立了手机制造单元。当时, 郭台铭聘用的总经理是戴丰树——拥有东京帝国大学博士学位, 并且在丰田汽车有八年工作经验。

　　许多人产生了疑问, 一个做车子的, 能把手机做好吗? 郭台铭的回答既自信, 又大胆: "车子的零件有两千多种, 但手机只有两百多种, 你说能不能做好?"

　　戴丰树不负众望, 从欧洲关键零件进口到美国设厂, 他一开始就参与手机的全球布局, 五年间创造出了两千亿新台币的营业收入, 成为鸿海发展史上的一个标杆。

　　选对人, 才能做对事。小公司与大公司的资源禀赋是不同的, 这决定了二者在用人策略上存在明显的差异。

　　(1) 小公司往往需要以一当十的多面手, 一人分饰几个角色; 或是独当一面、勇于负责的能手, 可以帮助老板排忧解难。

　　(2) 大公司为了实现制度化管理、确保高效运行, 则需要专业性的人才, 实施英才统治。为此, 老板需要慧眼识别人才、合理使用人才、高效管理人才。

　　本书详细论述了小公司识别能人、网罗能人、选拔能人、掌控能人、奖惩能人、留住能人的技巧, 总结概括了大公司管理人才、考核人才、回报人才、培训人才、教化人才、晋升人才的策略, 是老板掌握用人这门技术活、把公司做大做强的制胜宝典。

目 录

第一篇
阶段用人策略：老板把公司做大做强的绝招

第二章 小公司与大公司的用人差异

第三章 能人：小公司生存法宝

第四章 人才：大公司制胜之本

第二篇

小公司用能人：选对一个能人，成就一家企业

第一章 慧眼识珠，能人大用：老板要靠能人打天下

第二章　　网罗能人,选拔良将:找到最好的赚钱机器

第三章　　忠诚第一，能力第二：

　　　　缺乏忠诚，本事越大越坏事

第四章　　知人善用，能职匹配：给能人用武之地

第五章　　多琢磨事，少琢磨人：倾注信任才会有能人追随

第六章　　权力下放，无为而治：
　　　　老板要管头管脚，但不能从头管到脚

第七章　　防人有术，治人有招：
别让能人跳出你的手掌心

第八章　　培养提拔，委以重任：忠臣良将自己造

第九章　　赏罚有道，功过分明：
　　　　　　恩威并施是最有效的御人手段

第十章　　善用能人，留住能人：妥善处理能人的去留

第三篇

大公司用人才：基业长青要靠真正的英才统治

第一章　掌控个性，看人下菜：按性格用人最靠谱

第二章　　制度管人，有法必依：一切都要按规矩办事

第三章　鼓励竞争，逼出人才——
　　　　搭建舞台，让大家争当有功之臣

第四章　绩效考核，能力考评：
用量化的工作判断人才的价值

第五章　薪酬设计，利益分享：给人才应有的待遇

第六章 用兵要狠，爱兵要深：
老板既要有菩萨心肠，也要有霹雳手腕

第七章　人才匹配，团队优势：
淡化英雄主义，强调集体协作

第八章　顺从人性，教化人心：
管人必须情. 理. 法并用

第九章　　强化培训，授人以"渔"：
培育人才给公司永远的生命

第十章　职位晋升，成长空间：
利用工作设计满足人的事业心

第十一章　领袖风采，人格魅力：
小公司做事，大公司做人

第十二章　　栽培部下，独当一面：
　　　　　　把人才变成将才，就没人能打败你了

第十三章　以人为本，缔造幸福：
能留住人的公司应该像个家

第十四章　呼唤人才，重用人才：
大公司重用的八种人才

大公司用人才
小公司用能人

第一篇

阶段用人策略：
老板把公司做大做强的绝招

日本经营之神松下幸之助说："创业初期，我走在前头；发展阶段，我站在中间；而发展后期，我站在后面。"公司从小到大，老板要扮演领头雁、教练员、掌舵人的角色，与之对应，在用人上也会有不同的策略。

选对人，才能做对事。对小公司来说，找到独当一面的能人，可以成就一段辉煌。对大公司来说，则必须倚重专业性人才，通过充分授权实现良治。由"能人"到"人才"，不但是公司规模决定的用人策略变化，也是老板把公司做大做强的必经之途。

第一章
公司成长阶段决定用人模式

公司发展一般可以分为初始期、成长期、成熟期、衰退期四个阶段,与之对应公司规模要经历从小到大的变化,老板的用人战略应该根据不同发展阶段的资源、规模和需求而定。

案例:马云的阶段性用人观

在马云的带领下,阿里巴巴从一个小公司成长为一家国际化企业,其制胜之道离不开"阶段性用人策略"。

早年,阿里巴巴没有成形的价值观,而是口口相传的师徒制,缺乏统一的组织文化,这制约着公司进一步发展壮大。2001年,有过15年GE工作经验的关明生入职,完成了阿里巴巴整个价值观体系建设的历史使命。

2006年,职业经理人卫哲从百安居加盟阿里巴巴B2B公司。在此后四年多的时间里,卫哲完成了带领B2B上市、高层换血、国外业务布局的使命,让阿里巴巴成为一家真正的国际化企业,基本实现了当时任命的初衷。

原阿里巴巴软件市场总监王冠雄说:"我最看重的是马云阶段性的用人

观。"在一个阶段，用一个人去完成一项任务，这是马云用人的最大优点和高明之处。

"创业初期，我走在前头；发展阶段，我站在中间；而发展后期，我站在后面。"日本经营之神松下幸之助的成功之道也适用于公司用人——小公司的老板必须身先士卒，带领一批能人打天下；大公司的老板必须身居幕后，聘用各个领域的优秀人才独当一面。

也就是说，在公司的不同成长阶段，其用人策略是不同的，管人模式也有差异。小公司如何招聘到能人，如何合理授权？大公司如何用制度管人，如何发挥团队优势？其中的细节都有待老板去学习、实践和体悟。

【用人策略】　　公司从小到大，由弱到强，是一个不断成长、调整、完善的过程。与之对应，公司的用人策略也应该与时俱进、随需而变。并且，公司规模固定以后，老板还要根据自身特点采用适宜的用人模式。

1. 初始期：师父带徒弟模式

在初始期，公司的成长主要依赖于创始人（老板），普通员工的重要性表现得不是很突出。因此，老板必须投入大量的时间和精力，带领员工跟随公司成长。

（1）选聘忠诚型的人。

公司初创阶段，规模小，资金少，经不起人才反复替换，所以最需要选聘忠诚型的人，跟随老板一起创业。

（2）扮演好教练的角色。

这一时期，老板既是决策人，也是干活的人，而且比员工要懂得多，干得多,在工作中带新人,教导他们如何做事,怎么样把握细节。

(3) 描绘公司愿景。

公司的未来还不明朗,怎么样留住人才呢?老板应该是一个布道者,为大家描绘公司未来的美好前途,用愿景吸引人、留住人。

【用人策略】 师父带徒弟的用人模式有许多优点,老板可以手把手地带出新人,把他们培养成自己的左膀右臂,并且在工作中容易建立起深厚的感情。

2. 成长期:人才"解渴"模式

在公司的快速成长期,市场、产品已不是发展的瓶颈,此时公司面对的是人才短缺和组织结构脆弱的困扰。聘请专业咨询公司进行组织结构设计,建立人力资源管理体系,都是老板应该着重考虑的问题。

(1) 建立管理制度。

制度是什么?它是公司一系列成文或不成文的规则。随着公司规模扩大,用人也会倍增。这时候,必须建立招聘制度、考核制度、薪酬制度,对人才进行统一管理。

(2) 做好监督检查工作。

有了制度还不够,老板必须监管到位,防止出现漏洞。失去对制度执行的监管,公司就会有失控的危险。

(3) 聘用有才能的人。

公司快速成长,迫切需要有才能、独当一面的人。这时候,老板可以聘请猎头公司,或者举办大型招聘会,让优秀人才加入进来。

【用人策略】　　顺利度过成长期的阵痛，需要老板在人才管理制度上形成规范，并多方招揽人才，让有才华的人尽情施展本领。

3. 成熟期：资源整合模式

进入成熟期以后，公司在计划、组织、管理开发和控制系统等方面已经比较完善，但是庞大的规模和增长速度下降常常会带来经营者激励不足、内部沟通不畅、人员发展机会减少，以及购并后员工间的文化冲突等问题。

（1）实施精细化管理。

进入成熟运行阶段，公司必须在营销、节约、库存、物流等各个环节实施精细化管理，整合自身资源，才能适应激烈市场竞争的考验。

（2）创造性地使用人才。

兵无常势，水无常形。用人也像流动无常的水一样，没有固定不变的模式，多变的用人行为应能够变通，随机而变，以变应变，以变制变。

（3）鼓励创新。

鼓励员工在做好本职工作的基础上不断创新，从而对原有工作进行改善。员工在一种持续改进工作动力的驱使下，会更积极努力地工作。

【用人策略】　　公司走向成熟的时候，其用人策略也必须走向成熟，必须深入挖掘人才潜能，最大限度上实现团队的优势。

4. 衰退期：推陈出新模式

在衰退期，如何打开市场、降低成本、尽快走出低谷，是老板面临的最紧迫问题。这时候，裁员往往是公司不得已的选择。在裁员的同时，公司要拓展新的业务领域，招聘和培养新业务领域内的人才，为重整山河做好人力资源方面的准备。

（1）裁人：牺牲局部救大局。

面对市场环境变化，公司进入震荡期，甚至出现衰退，在人才管理上必须采取收缩战略，缩减人力成本。随着公司订单减少，公司还必须裁撤冗员，虽然这种做法让人为难，但是老板为了大局必须做出抉择。

（2）为公司业务发展储备新型人才。

公司处于衰退期，但是也会开发一些新的业务领域，在转型中求得新生。这时候，老板必须根据新业务需要，积极招聘与之对应的优秀人才，寻找新的利润点。

【用人策略】　　成长本身就伴随着疼痛。公司进入转型期或衰退期的时候，老板要压缩旧业务人才、开发新业务人才，在收放之间找到平衡感。

5. 复苏期：人才转型模式

随着市场经济周期调整完毕，公司会迎来复苏期的业务增长。这时候，旧业务、新业务都会焕发生机，对人才的需求也会与日俱增。对此，老板在用人上要以转型为主，做好新时期的人力资源管理。

（1）对人才水平提出新要求。

公司进入新时期，原来的业务模式不可能再拿来使用，老板需要提升管理模式，开发新的人力资源。这些变化，要求用人必须有新思维，适应新局面。

（2）聘请专业顾问机构提供人才方案。

经历了市场的考验，老板和整个高层应该成熟起来，在用人上会有独到的见解。面对新的成长机会，老板不能再用拍脑袋的方法制定人才战略，需要聘请专业顾问机构提供人才方案，实现科学的良治。

【用人策略】 公司从小到大，要经历经济周期、成长规律的洗礼，在用人上会有许多得失和感悟。当经济复苏来临，老板必须坚持人才转型模式，走入公司发展的新天地。

第二章
小公司与大公司的用人差异

小公司与大公司的资源禀赋是不同的，这决定了二者在用人策略上存在明显差异。小公司往往需要多面手，一人分饰几个角色；或是独当一面的能手，可以帮助老板排忧解难。大公司为了实现制度化管理、确保高效运行，则需要专业性的人才。

案例：艾柯卡玩转克莱斯勒汽车公司

联想集团有限公司董事局主席柳传志说："当公司小的时候，一定要身先士卒，但是当公司上了一定规模以后，一定要退下来。要做大事，非得退下来，用人去做。如果我一直身先士卒，就没有今天的联想了。"

这段话，实际上道明了小公司与大公司用人上的差异。对小公司来说，老板必须充当先锋的角色，带着大家一起干。对大公司来说，老板则要甘居幕后，聘用有才华的人施展本事，让公司焕发生机与活力。

关于大公司对人才的倚重，可以通过经理人艾柯卡的故事得到佐证。

1964 年，效命福特汽车公司的艾柯卡主持开发了一款名为"野马"的车型，一经推出便风靡全球。时隔不久，艾柯卡就自然地成功问鼎福特汽车公司总经理的宝座。位高权重的艾柯卡最终没能收敛自己"缺乏礼貌"、"目空一切"的作风，在 1978 年被老板福特二世逐出家门。

一腔怒火的艾柯卡转瞬加盟了克莱斯勒汽车公司，并成功开发出 K 型车，使这家濒于破产的公司成为当时汽车行业继通用、福特之后的探花，也使艾柯卡自己达到了人生的光辉顶点。

艾柯卡的传奇经历说明，对大公司来说，优秀人才发挥着关键性的力量，杰出人才甚至左右着公司的命运。让人才各安其位，施展才干，大公司就有了希望。

【用人策略】　　公司规模稳定下来以后，老板要根据规模大小确定用人战略，并结合行业特色、时代背景选聘人才。

1. 需求差异

（1）小公司需要独当一面的人。

小公司处于创业初期，或者受到自身业务规模的限制，往往需要独当一面的人。比如，这个人是业务能手，可以帮助公司开拓市场；这个人是谈判能手，可以帮助公司拿下难啃的商业合同，等等。小公司老板聘用能手的时候，往往希望对方是多面手，一人可以分饰几个角色，这样最划算。

（2）大公司需要专业性更强的人。

进入稳定的发展阶段，大公司的客户、业务、生产都会固定下来，需要按部就班运行。这时候，公司就需要制度化、流程化运营，需要在运行的各个环节设置专门人才，确保整个系统高效、科学地带来持续的盈利。因此，大公司更需要专业性的人才。

【用人策略】　小公司需要多面手型的能人，大公司需要专家型的人才。

2. 成本差异

（1）小公司在用人上需要精打细算。

小公司规模小、实力弱，一般缺乏聘用高水平能人的实力，必须精打细算。对老板来说，给能人提供舞台、描述愿景、许诺股份是常用的手段。并且，身边有一两个能人，往往就能让公司业绩大为改观。

（2）大公司有聘用人才的资本和实力。

凭借雄厚的实力和影响力，大公司能轻易找到需要的人才，从而组建优秀团队。对大老板来说，如何让人才配合好、发挥自身潜能、迎战市场竞争，才是重中之重。

【用人策略】　对创业期间的小公司来说，老板面临的最大困难是人力成本过高。在产品没有完全定型、方向不是百分之百有把握的时候，最重要的任务是把团队的成本控制到最低，从而以低成本试错，不断调整，让团队跟公司一起成长。

3. 魅力差异

(1) 小公司缺乏吸引人才的魅力。

没实力,没名气,待遇不高,前景不佳,这是人们对小公司的总体印象。这一短板,制约着小公司招聘到优秀人才,老板只能使出浑身解数留住一两个能人,让公司有咸鱼翻身的机会。

(2) 大公司是优秀人才的第一选择。

制度完善,管理到位,待遇优厚,前途光明,这是大公司吸引优秀人才的魅力所在。对许多人,尤其是刚毕业的大学生来说,到大公司就职是一种荣耀,根本原因也是大公司有着小公司无法比拟的优势和魅力。

【用人策略】 在招聘时,小公司总觉得会遭遇各种障碍,很难招到优秀人才,因为有竞争力的人更倾向于去大公司工作。对此,小公司必须选用一两个能人,配备普通员工,撑起门面,实现跨越式发展的机会。

4. 资源差异

(1) 小公司资源禀赋不足。

初创期的小公司要钱没钱,要人没人,产品缺乏知名度,广告宣传不到位,这些短板限制着老板施展自己的聪明才智把公司做强做大。因此,在用人上,小公司老板必须走精细化发展的路子,千方百计找到改变公司命运的关键人物，并给予丰厚回报。

（2）大公司资源优势明显。

经过多年发展，大公司有丰富的市场经验、人才经验、管理经验，这都保证了公司能够为下一步发展筹备到所需的人才。而人才一旦到位，只要管理能跟上、执行能落实，公司项目或战略目标都能轻易实现。

【用人策略】　当先天条件不一样的时候，公司老板就要认命，而不能怨天尤人。根据公司实际情况选聘人才，一步一个脚印谋求发展，公司自然会在稳健发展中走向优秀、迈向卓越。

5. 平台差异

（1）小公司发展空间有限。

小公司自身发展空间有限，特别是一段时期内无法做到一定规模的时候，从长远来看无法留住高精尖人才。这是自身平台有限造成的，与老板自身努力无关。这提醒老板，不可能要求每个员工都是专家级的人才，但是可以在关键岗位、职位上配备能手。

（2）大公司的舞台足够大。

如果说"小池子不要养大鱼"是对小公司的忠告，那么大公司无疑具备了养大鱼的条件和舞台。凭借广阔的市场前景、雄厚的资金实力、诱人的职位待遇，大公司是真正适合高级人才的地方，也是能留住他们的地方。

【用人策略】　无论大公司，还是小公司，在用人上都应该遵循节约的原则。公司无疑需要大批精英俊杰，可是雇用太多的高级技术人员和管理人员，并不见得是好事，因为与他们地位、学识相称的职位毕竟有限，一旦没有合适的职位，他们一定会表示不满，甚至起来造老板的"反"。

6. 招聘差异

(1) 小公司老板亲自选拔能人。

每次招聘活动，都离不开公司老板的亲自参与。许多小公司招聘员工时，往往都是老板亲自面试、面谈，决定是否聘用。老板最清楚公司需要什么样的人才，下一步需要什么样的能手相助，所以在招聘中亲自出马更容易找到千里马。

(2) 大公司按照招聘流程选拔人才。

大公司每次招聘人才，都是按计划进行的，招聘的人数也上规模。因此，整个招聘流程都是按规定进行，不需要老板亲自上阵。除非招聘高级岗位人才，或者关键性职位负责人，老板才亲自过问。

【用人策略】 公司选拔人才，应该表现出应有的诚意。面试过程中，小公司老板要尊重人才；对大公司老板来说，应该对录用的新人集体训话，表达感谢，提出期望。

第三章
能人：小公司生存法宝

中关村曾流传着"三个企业家找到三个科学家，成就三个著名企业"的故事。在这个故事中，柳传志找到倪光南、张玉峰找到王选、万润南找到王缉志，分别开发出联想汉卡、方正激光照排、四通打字机，从而最终打造出联想、方正、四通三块闪亮的 IT 企业金字招牌。几个真正出色的能人，抵得上 1000 个普通的员工。在小公司成长的道路上，这一点表现得尤为明显。

案例：技术带头人倪光南成就了联想

1984 年 11 月，中科院计算机所决定投资 20 万元，成立一家计算机公司，这就是联想的前身。当时，王树和、柳传志、张祖祥从所里带出了 11 个人，拉开了创业的序幕。

虽然身边都是技术人员，但是公司明显缺乏技术过硬的能人。于是，几个领导人一商量，经过多番讨教，请来倪光南任技术带头人，开发出联想式汉字系统（汉卡）。这一具有市场潜力的拳头产品填补了当时的市场空白，更为后来的联想提供了过硬、独到的技术支持。

后来，倪光南出任公司总工程师，主持开发了联想系列微机，确立了公司的主营业务。可以说，正是倪光南这位技术过硬的能人成就了联想，奠定了日后发展的基础。

可以说，能人在很大程度上决定了小公司的命运，在关键时刻左右着团队的生死。老板找到公司发展所需的能人，并委以重任，会迎来成长、发展的良机。

【用人策略】　几个真正出色的能人，抵得上 1000 个普通的员工。这绝不是耸人听闻，而是无数商业实践证明的真理。

1. 能人的优势——业绩第一

今天，公司之间的竞争越来越表现为人才之间的较量。能力超凡、才干出众的能人成为公司争抢的对象。那么，能人有哪些基本特征呢？

（1）创造优秀业绩。

在新型人才观念中，被称为"能人"的人，都具有高超的个人能力，能够创造优秀的业绩。通常，他们是公司的功臣。

（2）经得起市场的检验。

市场环境风云变化，公司对人才的需求也会出现新特点。但是，真正的能人能够经得起市场的检验，始终给公司创造最佳的投入产出比。

【用人策略】　"能人"不以学历和职称来界定，他们是善于创造高绩效，给公司带来利润的人。

2. 能人的优势——才华出众

能人大多才干不俗，超越于职场众人之上。他们或身怀绝技，或多谋善断，或长于管理，或富有创意……有着普通员工不可比拟的优势。

在"知识就是生产力"的今天，能人本身所具有的超强能量和巨大潜能一旦发挥出来，会给小公司带来翻天覆地的变化。有一句话说得好："选对一个能人，成就一家企业"，恰恰表明了能人对小公司命运的决定性作用。

因此，初创期的小公司老板，必须根据需要选聘关系能人，或业务能人，或技术能人，在关键领域取得突破，让公司实现跨越式发展。

【用人策略】　　能人给小公司带来的业绩和所起的作用是巨大的，关键是老板必须选对自己最需要的能人，因为仅仅有才华还远远不够。

3. 能人的优势——以一当十

商界名人钱伯斯说过一句话："几个真正出色的工程师抵得上 1000 个普通的工程师。"在这里，"真正出色的工程师"正是通常所说的"能人"。

李汉生这个名字，已经成了外企职业经理人的成功符号，这一点许多 IT 经理人深信不疑。他在惠普中国工作的 12 年间，带领惠普中国的市场队伍，连续 8 年超额完成业务目标，业绩扩大了 120 倍，创造了惠普中国神话。

作为市场型职业经理人的杰出代表，李汉生先是被北大方正高层张旋龙"三顾茅庐"，延揽麾下；后来，又被和勤软件聘为公司总裁，再创辉煌。

李汉生无疑是"以一当十"的代表人物,他们凭借超乎其他普通员工之上的能力,给公司带来了巨大的效益,因此成为公司生存的法宝。

【用人策略】 小公司最需要咸鱼翻身的机会,而以一当十的能人会帮老板赚到第一桶金,或者打出响亮的牌子。

4. 能人的优势——勇于负责

能人的真本事,不仅表现为过人的技术,或攻关的手腕,还在于他们勇于担当、敢于负责。因此,他们赢得了机会的垂青,比他们提早成为了能人。

(1) 为成功完成工作而保持高度热情和付出额外努力。

(2) 自愿做一些本不属于职责范围内的工作。

(3) 热心帮助他人,并主动与人合作完成任务。

(4) 遵守组织的规定和程序。

(5) 赞同,支持和维护组织的目标。

(6) 出现工作失误的时候,能够主动承担。

总之,能人凭借强大的责任心让个人才华得以展示,出色完成工作任务,也赢得了老板的赏识。

【用人策略】 在工作中,一个有责任心的员工,会时时刻刻为企业的利益着想,把自己的工作做到位。老板选聘能人,必须重视对方的责任心,看对方是否值得托付。

5. 能人的优势——排忧解难

能人因本身才能出众，大多能很好地克服工作上的困难。在日常工作中，他们似乎更崇尚行动，因而更能适应工作节奏日益加快的现代职场，配合公司的进程加快自己的脚步。

(1) 凭借过硬的技能解决难题。

公司遇到困难的时候，能人才到了真正发挥作用的时候。通常，只要能人出面，在其他人看来棘手的问题都会被轻易化解，公司接着步入正轨，一路向前。

(2) 带领团队处理棘手问题。

能人的价值体现在把"不可能"变成"可能"，最后到"能够"。出现问题的时候，能人作为部门负责人会亲临第一线，与工作人员打成一片，找到解决问题的方法，保证战略实施顺利进行。

【用人策略】　　能人往往扮演救火队长的角色，善于解决难题，成为大家值得信赖的领头人。

6. 能人的优势——明察秋毫

(1) 见微知著，运筹帷幄。

能人心思缜密，可以见微知著，所以他们有"运筹于帷幄之中，决胜于千里之外"的本事。比如，市场营销方面的能手懂得适时把握市场先机，给公司创造非凡的效益。

(2) 举一反三，建树多多。

能人在自己的专业领域眼光独到，会出色地把握整个行业的发展趋势，并作出前瞻性的判断。在工作中，他们善于举一反三，创造性地开展工作，所以建树多多。

(3) 耳听八方，开辟新路。

能人反应机敏，并有应对的智慧。在错综复杂的关系网中，他们眼观六路、耳听八方，为公司上下调和，开辟出新路，帮助公司度过生存危机。

【用人策略】　能人大多火眼金睛，明察秋毫，凭借敏锐的眼超前的思维超越了普通员工，成为老板把公司做强做大的得力助手。

7. 能人的优势——善于学习

每个老板都想把顶尖人才纳入麾下，那么什么是顶尖人才呢？针对微软的行业特色，比尔·盖茨认为，顶尖人才重在"才能"——他们一定是孜孜不倦的学习者，能随时解决业内新问题的人以及适应业务需要、能在公司内变动工作的人。

面对软件行业高速更新的特点，盖茨要求程序设计员必须有良好的创新能力、学习能力、应变能力，而这样的人是稀缺的。所以，在招聘过程中，微软始终瞄准5%最顶尖的人才，为日后的竞争做好人才准备。

出色的学习能力，是能人的优势之一。如果没有这种特性，他们本事再大，也会出现知识陈旧、观念落伍的情况，最终被时代抛弃。

小公司发展壮大，离不开强大的自学能力，包括学习竞争对手的策略、学习市场环境的变化、学习最新的营销知识，等等。而能人以其强大的自学能力和观念，无疑会帮助小公司与时俱进。

【用人策略】 　　学界流行这样一种观点，即"知识折旧"定律："一年不学习，你所拥有的全部知识就会折旧80%。"小公司如果想在未来市场竞争中获胜，必须选拔善于学习、主动学习的知识型能人。

8. 能人的优势——不懈奋斗

能人的字典始终闪耀着两个重要的词汇：目标和成功。为此，他们不懈奋斗，用业绩证明自己的价值，也帮助公司走向了辉煌。

(1) 有强烈的成功欲望。

强烈的成功欲促使能人为自己树立起远大的目标，并为之不懈奋斗。在实现自己个人目标的同时，他们也为公司创造了可观的业绩，可以说是老板天生的绝佳伴侣。

(2) 相信爱拼才会赢。

在能人的骨子里，都有拼搏进取的精神。无论前面的路有多么艰险，他们都能对自己狠起心肠，把梦想变成现实。这并不是精神病式的自虐，也不是佛中境界的苦修，而是生命的时尚。

【用人策略】 　　能人最具使命感，永远迎难而上，凭借身上那股狠劲儿战胜大风大浪。他们在征服与被征服中，用智慧、意志、勇气实现自身价值。这些都是老板可以倚重的地方。

第四章
人才：大公司制胜之本

精英人才是"具有超出常人之上的自我资源的人"，他们"干一流的事业"、"珍惜有限的机会"、"追求卓越"、"比别人干得更好"……大公司需要各级各类人才配合，把伟大的商业战略付诸实践。

案例：福特公司为一条线花费 1 万美元

19 世纪初，福特公司的一台电机发生故障，检查了好长时间，都不知道毛病出在哪儿。后来，连公司这方面的行家都出面了，仍然一无所获。

无奈之下，公司不得不请来了德国著名的科学家——斯坦门茨。只见他在电机旁仔细观察，不停地计算。最后，他在马达上画了一条线，然后对福特公司的人说："请打开电机，沿线将里面的线圈减少 16 匝。"

奇迹发生了，电机开始重新运转。接着，斯坦门茨要价 1 万美元，经理不禁愕然了。填写材料费用单的时候，斯坦门茨是这样写的："画一条线，1 美元；知道在什么地方画线，9999 美元。"

画一条线，太简单了，但是知道画在什么地方，就大有学问了。这集中体现了人才的价值：只有专业，才能成就卓越。

【用人策略】　　大公司立于不败之地，必须吸纳各个层面的优秀人才。

1. 人才的本领——工作第一

"人才"大多热爱本职工作，能够从创造中实现个人价值，在被认可中获得满足。因此，他们大多是"工作狂"。

凭借天生的杰出能力，他们善于化解工作中的各种难题。日积月累形成的"铁腕作风"让他们说一不二，永远是"工作第一，生活第二"。由此，他们也赢得了老板的尊重和公司的信赖。

人才坚持"工作第一"，还集中体现在他们在工作中精益求精，总是在细节上把事情做到完美，这也是他们成就卓越的重要原因。

【用人策略】　　始终把工作放在第一位，这种生存态度无疑是"人才"决战职场的法宝。

2. 人才的本领——专业精干

人才经过公司的层层考核，可以胜任岗位挑战，出色完成工作任务。通常，人才有过硬的专业知识、劳动技能，甚至是某一方面的专家。这是他们引以为自豪的资本。

大公司人员多、岗位多，一旦完成招聘工作，要求每个人都能做好自己分内的事,不拖他人的后腿,确保整个团队高效运行。

与小公司老板辛辛苦苦地培养新人不同,大公司老板不需要担心新人能不能干,只要发布命令、做好监督检查就行了。

【用人策略】　大公司招聘人才,一个基本的原则是"到岗就能做事"。

3. 人才的本领——重视团队

(1) 在工作中建立协作关系。

在工作中,优秀人才善于跟不同岗位、不同部门的同事产生协作关系,从而紧密地融为一体。这是善于合作的重要体现。

(2) 珍视团队荣誉。

团队荣誉,就是让员工在一件实际工作中取得成功,或者在团队过程中取得的荣誉,个体也有一分。优秀人才明白个人离不开集体协作,并珍视团队荣誉。

(3) 善于处理团队内部冲突。

在工作中产生摩擦,是很正常的。优秀人才有很强的人际关系处理能力,懂得站在大局的角度考虑问题,妥善把摩擦处理、消化掉。

【用人策略】　优秀人才有很强的团队意识,重视团队合作。由此,他们不但在团队中实现了个人价值,也由此赢得了老板的赏识。

4. 人才的本领——可塑性强

随着人才环境的改变，大公司在录用人才时，更注重人才的可塑性。因为，在未来的工作中，善于灵活应变、能够适应岗位需要的人，才能跟随公司成长进步。

（1）虽然是刚毕业的应届生，白纸一张，但是大公司看重的是对方的朴实、可造。

（2）虽然应聘者很年轻，但是大公司看中的是对方的工作活力。

（3）虽然学历不很高，但是大公司看重的是对方与众不同的学习力。

（4）虽然没经验，但是大公司看重的是对方良好的工作态度。

因此，只要具备某一方面的优势，大公司都会对人才打开方便之门，给他们提供机会和舞台，实现共赢的局面。

【用人策略】 你愿意从基层做起吗？你平常看什么样的书？你一般参加哪些社交活动？你在工作中犯了错误时表现出何种态度？这些都是从一个侧面考核人才的性格、人格和特质，从而分析其未来可塑性的技巧。

5. 人才的本领——不找借口

（1）相信自己。

优秀人才不会说"我不会解决""我不行"之类的话，他们相信自己的能力，丢掉抱怨和不自信，主动解决难题。

(2) 立即行动。

发现问题后,优秀人才不是拖延,给工作造成更严重的危害。他们相信行动改变一切,因此尝试不同的方法,找到解决问题的钥匙。

(3) 全力去做。

"世上无难事,只怕有心人。"优秀人才做任何事情,都会想尽一切办法、穷尽一切可能去努力,因此避免了不够努力造成的失败和遗憾。

【用人策略】 一个经常为老板解决问题的人,当然能得到老板的青睐。首先,他没有让问题延误,酿成大患;其次,他让老板非常省心省力,老板可以把精力集中到更重大的问题上。

6. 人才的本领——追求卓越

(1) 在平凡的岗位上尽足本分。

无论现在做什么,无论自己的岗位多么平凡,优秀人才都重视自己的工作。他们在全力以赴中尽到自己的本分,也在日积月累中增加了经验,获得了提升的基础。

(2) 善于从自己身上找差距。

虽然有才干,却没得到晋升,优秀人才不会去抱怨,而是从自己身上寻找原因,不断改进。在持续改善中,他们越来越优秀,终有一天得到了重用。

(3) 不把问题留给老板。

工作中遇到问题怎么办呢?优秀员工的选择是做问题的终结者。他们千方百计解决难题,在这种锻炼中提高了工作效率和责任意识,把工作做到尽善尽美，创造出了卓越的业绩。

【用人策略】　　在老板眼中，没有任何事情能够比一个员工处理和解决问题，更能表现出他的责任心、主动性和独当一面的能力。

7. 人才的本领——完美执行

（1）具备应有的知识和技能。

优秀人才的执行力体现在完成任务的效率与质量上，不仅由完成任务的能力来决定，而且还有对执行者知识的要求。优秀人才无疑具备了应有的技能。

（2）坚决服从，密切配合。

优秀人才服从上司的命令，服从公司的指派，与上司密切配合，让上司彻底放心。由此，他们在令行禁止中发挥了才干，完成了目标。

（3）做出非凡业绩。

业绩是一个公司的生命，也是考核人才的重要指标。优秀人才追求业绩，在执行中总能出色完成任务，成为老板的得力助手。

【用人策略】　　离开出色的执行，一切都归于零。大公司实现宏大的目标、获得高额的利润，都离不开优秀人才在岗位上的出色执行，确保每项任务完成，积极推进公司发展。

大公司用人才
小公司用能人

第二篇

小公司用能人：
选对一个能人，成就一家企业

美国钢铁大王卡内基是一位善用"能人"的专家，他的墓碑上刻着一句话："一个知道选用比自己更强的人来为他工作的人安息于此。"

"能人"是训练有素、技术精湛的精兵强将，是公司持续发展的"顶梁柱"；"能人"是勇于负责、以一当十的办事高手，是公司人力资源的"生命线"。选对能人，用好能人，一个小公司会焕发出勃勃生机，迎来长大的机会。

第一章

慧眼识珠，能人大用：老板要靠能人打天下

　　"能人"掌握着公司的核心技术，或者承担着开拓市场的重任，或者是公司经营项目的决策者。离开他们，公司寸步难行，老板一筹莫展。

　　小公司，小老板，对能人的渴求最强烈。问题是，你是否善于发现能人、敢于使用能人。也许有能人愿意为你效力，但是你要做到尽人之才、毕人之功，才能在激烈的市场竞争中活下来、挣到钱。

1. 公司面临的四种人

　　公司如何用人，是每一位老板关心的话题。而学会用人，首先要清楚你的下属都是什么样的人。一般说来，任何一家公司都会面临四种人：

　　第一种人：有能力，并且认同公司和老板；第二种人：有能力，但不认同公司和老板；第三种人：能力弱，但认同公司和老板；第四种人：能力弱，并且不认同公司和老板。

那么，应该如何看待这四种人呢？

(1) 有能力，并且认同公司和老板。

能力强，并且认同公司，这样的人是老板最欢迎的。找到这些人，然后在充分沟通的基础上建立相互的信任，公司就可以对他们进行授权，发挥能人的才干了。

(2) 有能力，但不认同公司和老板。

能力很强，但是不认同公司，这样的人是最难办的。很多中小公司的老板对这种人很纠结，常常采取回避的态度，或对他们不理不睬。原因在于，炒了这样的人可惜，要改变他们又嫌太累，而且难度太大，真是"食之无味，弃之可惜"。

(3) 能力弱，但认同公司和老板。

能力弱，但是对公司认同的人，需要对他们加强培训、督导。通过培训，提升他们的能力，使其逐步成长，假以时日就可能变成第一种人：能力强，认同公司和老板。反之，如果他们在工作中四处碰壁，能力也无法提升，就可能对公司失去信心，变成第四种人。

(4) 能力弱，并且不认同公司和老板。

既没能力，又不认同公司，这样的人干脆炒掉。相信这是许多老板的心声。但实际情况是，如果公司实力不够，我们能招回来的人通常就是这类人。对此，老板要做的是把他们变成对公司价值认同的人，先"洗脑"，不行才炒掉。

【能人定律】 对老板来说，仅仅找到"能人"还不够，更重要的是他是否认可你，是否认同你的公司。让"能人"为我所用，这才是制胜的关键。

2. 用能人，而不用贤人

对一个公司来说，用什么样的人担当重任、管理要事，是关乎组织存亡、治乱、盈亏的关键。用人就要有用人的标准，否则必然遭遇失败。那么，小公司选人的标准是什么呢？

法家思想的代表人物韩非子认为："人君之所任，非辩智则洁修也……主利在有能而任官。"意思是说，君主选用官吏不是根据其智慧才能，就是根据其美好品行，在智能之人和贤士之间，要用能人。

公司发展需要依靠"力"而不是依赖"德行"，智能之士能够为组织发展献力，因此用人的基本原则是量才而用、论功行赏。

（1）结合岗位要求用能人。对能人来说，只有将其放在能够充分施展才干的最佳位置上，才能获得最佳的经济效益。因此，老板在选用能人时必须结合岗位要求，既不大材小用，也不小材大用。

（2）给能干的人提供好的待遇和发展空间。小公司人员少，更应该让有才能的人得到应有的回报，从而让大家尽职尽责，干出业绩。

【能人定律】 韩非子主张"计功而行赏，程能而授事，察端而观失，有过者罪，有能者得，故愚者不任事。"这要求老板必须做到：根据能力授予职位，有罪就罚，有能力就重用。

3. "10/60" 能人定律

研究表明，占员工总数 10% 的能人为公司创造了 60% 的业绩。也就是说，这些公司中的骨干，占员工总数只有 10%，却创造了远高于其他员工的业绩。对此，每一位老板不能不引起重视。

那么，这些能人到底是怎样一个群体呢？如何给他们定义呢？简而言之，为公司创造不凡业绩、促进并推动一个公司走向繁荣和发展壮大的人，可以统称为"能人"。

至于能人的作用，可以这样形容：在公司发展的某个阶段中，这个人起了至关重要的作用。换句话说，如果换成另外一个人，那么这个公司可能发展得要缓慢，甚至没有发展。

【用人策略】 能人虽然少，却关系到公司的生存与发展。许多时候，少了能人的帮助，小公司要推迟发展的进程。

4. 能人的八大特质

"能人"是这样一种人，无论是今天、明天还是更远的将来，他们都可以满足公司的需要，跟随老板一起成长。

除了突出的能力，能人的优势还表现在他的品德、性格、责任感等内在方面。这些因素对于增强公司凝聚力、保持团队精神、形成良好工作作风是必不可少的。一般来说，"能人"具有以下特点：

(1) 有很强的责任感，熟悉专业技能，有丰富的工作经验。

(2) 主动找事做，而不是在那等着任务摊派下来。

(3) 领悟能力强，能准确掌握老板的意图和客户的想法。

(4) 面对困难沉着、冷静，具有解决问题的能力。

(5) 关心公司，对公司有很强的认同感。

(6) 不会把大量时间投入毫无成效的工作中。

(7) 对于工作时间、地点的变动，都能及时调整适应。

(8) 有愉悦的工作态度并能感染他人。

【能人定律】　　有能力，而不具备相应的品质，能人的价值会大打折扣。

5. 重用能人的五个好处

选用能力强的下属，特别是那些能力超过自己的下属，对小公司来说至少有下面五个方面的好处：

(1) 使老板变得更加完美无缺。

选用能力非凡的下属，将使他们与老板之间发生有意的互补效应。从而极大地提高和增强领导的实力，使本来并非十全十美的老板，变成了一个神通广大，无所不能的完人。

(2) 极大地提高老板的威信。

敢于选用能力超过自己的下属，这一举动本身就是最具有感召力和说服力的，它既表明老板的自信、豁达和强大，又说明老板具有爱才若命，求才若渴的美德。

(3) 廉价获取下属的忠心。

对于下属来说，最能打动人心的，莫过于老板用实际行动来表明对自己的信任和重用，尤其是当自己的能力明显胜过老板的时候，更是如此。

(4) 确保管理机器正常运转。

放手提携能力胜过自己的人，恰恰能起到充分挖掘员工的潜力，使他们能够在最关键的部位发挥轴心效能的重要作用，因而也就最有效地保证了整个管理机器的正常运转。

(5) 巩固自己的地位。

要想巩固自己的领导地位，唯一的正确方法，就是放手起用这些有真本事的下属，用实际行动团结他们，使他们心悦诚服地为自己服务。

【能人定律】　　在西方国家，许多大公司的创业者宁可将事业传给有能力的下属，也不传给无能力的儿子。

6. 善用能人者属大能

当年，汉高祖刘邦平定天下后，在洛阳召集文武百官，举行了盛大的宴会。在总结胜利经验时，刘邦说："要论运筹帷幄，决胜千里，我比不上张良；论稳定国家和百姓，提供物资补给，我比不上萧何；论率领百万大军战必胜、攻必取，我比不上韩信。我之所以能够夺取天下，是因为重用了这三个当世的奇才。"

这番掷地有声的宏论，说明了一个道理：大到一个国家，小到一个企业，在早期创业阶段都有几个关键人物发挥着决定性的作用，而他们就是所谓的"能人"。对领导者来说，让能人担负重任，充分发挥他们的聪明才智，是最大的能耐。

（1）领导者是带头人，而不是干活的人

"领导"是带领、引导部下做事的人，其职责是给大家指明方向、提供平台，而不应该处理具体的、复杂的事务。为此，领导者要善用能人独当一面，自己掌控大局即可。

（2）领导者不能嫉贤妒能，而要虚心请教

善用能人，首先要尊重、信任能人。很难想象，一个嫉贤妒能的领导者会有大的作为。历史上，袁绍刚愎自用，一败涂地；刘备三顾茅庐，请贤能的诸葛亮辅佐，最后三分天下。这就是最好的证明。

【能人定律】 　小公司，小老板，对能人的渴求最强烈。问题是，你是否善用能人。也许有很多人愿意为你效力，但是你要做到尽人之才，毕人之功，才能在激烈的市场竞争中活下来、挣到钱。

7. 放开手脚用能人

美国钢铁大王卡内基是一位会用能人的专家。他的墓碑上刻着这样一句话："一个知道选用比自己更强的人来为他工作的人安息于此。"

这提醒处于上升阶段的小老板们：要把70%的精力放在考虑公司的未来发展上，而具体的战略实施、计划执行，则主要靠相应的人力资源作支撑，尤其需要能人来领衔。

经常能看到这样的场景：老板经常下车间，甚至还在深夜里跟技术人员一起解决问题。不是说老板不应该这样做，而是老板不应该让这种行为成为一种习惯。如果这些事情都需要老板亲自过问，那么聘请的其他骨干是做什么的？聘请的行业专家又是做什么的呢？

由此可见，随着公司的发展，老板要从具体事务中解脱出来，依靠能人为自己独当一面，从而站在更高的角度考虑下一步怎么走。

【能人定律】 老板要抓的是战略，是人力资源，是品牌、资金、信息，而具体的事务就可以分给那些在各个方面都比自己出色的能人去做，这样你的公司才有可能做强做大。

8. 能抓老鼠就是好猫

在用人上，一些小公司的老板过分强调学历、经验，忽视新人的潜能与可塑性，结果让许多有能力的人从眼前溜走。这是重大失误。

（1）能人需要机会。

何为能人？他们是干出业绩，让人啧啧惊叹的奇才。问题是，你是否给普通员工提供了展示自我的平台，让能人脱颖而出。

（2）能人需要认同。

不被老板认同的员工，通常难以获得展示才华的自信和舞台，即使他有潜能也无力发挥。所以，许多低学历、经验不足的潜在能人一直被埋没。

什么是能人？主要看他能否干出成绩、独当一面，成为小老板的得力助手。请牢记：不管黑猫白猫，能抓老鼠的就是好猫。

【能人定律】 老板用能人，首先要对"能人"有正确的认识。否则，再能干的人也不会从公司里脱颖而出。

9. 换一种眼光看能人

在很长的时间里，老板局限于自己的空间，形成了一套固定的思维模式，于是识人的眼光在这种模式中定型了。这对公司发现、聘用能人，是极为不利的。那么，老板如何跳出自己的圈子，以另外一种眼光来看待能人呢？

某大学人事处主任专门负责招聘外籍英语教师，按照规定必须根据文凭、面试来选拔。但是这样的结果并不好，许多高薪聘来的外教没有真正的教书育人的能力，尽管他们说着一口纯正的英语。

有一次，这位负责人在大街上碰到一个美国人，便主动上前与之攀谈。两人一见如故，于是成了好朋友。后来，他们谈起英语教学的事，那位美国人说自己没有教口语的经历，但对如何教说得头头是道。于是，人事主任冒出一个大胆的想法：请这位美国人当外教。

结果，这位新来的外教在工作中非常出色，以自己独特的方式引导学生，使其学英语的兴趣倍增。人事主任将这一方法复制，招揽了一大批有实才的外教，学校的外语教学也越来越好。

可见，只要改变一下眼光，到下边去看看，保证会找到自己想要的能人。老板寻找得力助手，不妨换个思路，就会有意外的收获。

【能人定律】　这个世界能人到处都有，可惜的是许多时候不被人识得。其中一个重要原因是选才者囿于传统定式。

10. 用二流的人比用错人还糟

微软为什么获得了高速成长，关键在于人才。比尔·盖茨的用人守则是，用一个二流的人比用错人还糟。所以，老板在用人上应坚持用一流人才，做到宁缺毋滥。

（1）用人宁缺毋滥

一个二流的员工一旦在公司里占到一个位子，就很难把他解雇，以改用别的一流人才。因此，为了避免这种麻烦，老板从创业之初就始终坚持一点：公司雇佣的员工人数，绝对要少于实际应付工作所需的人数。为此，要用最聪明的人，哪怕暂时处于人才缺乏的处境也无所谓。

（2）严格控制员工规模

公司做大了，许多老板会疯狂扩展员工人数，应对业务扩张带来的人力资源紧张。但是，人多了，不但难以管理，而且把关不到位，容易降低团队的素质。所以，要在员工人数上控制得非常紧。

【能人定律】　若有人没法进入工作状态，老板其实还好办，但如果用了个二流的人才，工作表现勉勉强强，那麻烦就真的大了。

11. 敢用比自己聪明的人

老板的境界决定了公司的高度。通常，小老板自己会成为公司的天花板，制约着整个队伍进一步发展壮大。突破天花板是一个痛苦的过程，老板必须借助外力，特别是借助比自己厉害的人的力量，破茧成蝶。

(1) 个人的智慧是有限的，群体的智慧是无穷的。

用比自己厉害、聪明的人，需要老板有高度的自觉。这不仅是思想境界的提高，更是一种挑战，其价值在于借助更多能人的力量把公司做强、做大。

(2) 江山代有才人出，主动让后来者居上。

一个公司蒸蒸日上，需要代代皆有能者出，形成后浪推前浪之势。后来者居上，本就是社会发展的必然规律，也是公司前进的基本动力，老板要懂得顺势而为。

【能人定律】　　用能人是需要魄力的，但这也是小老板告别低效成长的契机。给公司注入新鲜的血液，让能人加入进来，就奠定了组织成长的基石。而老板敢用比自己聪明的人，则成了公司基业长青的 DNA。

12. 不能太在意能人的缺点

魏伟是一家 IT 公司的技术人员，在工作能力上无人能比。凭借扎实的专业知识、丰富的工作经验，他力压群雄，成了公司不可多得的全面型人才。

但是，魏伟也有一个缺点，那就是性格内向，从来不与别人交流，有时公司组织了一些娱乐活动也不参加。尤其是他脾气生硬，虽然说的一些话很有道理，但是让人很难接受。

结果，谁都不愿意和他交往，都觉得他一身的"牛气"。后来，人事经理经常在老板面前打他的小报告，结果被回绝了。老板这样回复那些打小报告的人："一个人个性太强了就变成毛病了。可是在工作中他的能力已经掩盖了他的毛病，只要在平时多加以指点，他一样能出色完成任务。"

【能人定律】　　金无足赤，人无完人。一个公司里的人大多性格各异，甚至有些人还有明显的缺点。若能充分发掘能人的潜力，用其长而容其短，照样能给公司带来利益。

13. 使用将才的五个标准

小公司在拓展业务的发展阶段，最需要独当一面的将才。那么，称职的将才有哪些标准呢？

(1) 诚、明、勤。诚，让人信服，确保团队具备应有的凝聚力。明，分清是非，意图不朗，让人各安其位。勤，兢兢业业，认真及时处理各项事务。

(2) 有舍生忘死的精神。能够以身作则，全身心地投入工作，敢于冲锋陷阵，引导下属越挫越勇，直到胜利时刻的来临。

(3) 身心健康。为将之才上要沟通领导，下要联络士卒，既动脑又动手，十分操劳辛苦。如果身体虚弱，会因过度劳累而吃不消，容易生病；如果缺乏精神支柱，就会因日久而产生厌烦情绪，难胜重任。因此，为将者必须体格强健、精神饱满。

(4) 忠义血性。将才有不同的类别，有的人多谋善断，有的人勇敢沉着。但无论哪种情况，如果没有起码的忠肝义胆、血气良心，最终都无法让人信赖、依靠。

(5) 不逐名利。为追求功名利禄而来的将才，必然不会很好地控制个人欲望，稍有不顺心就会怨气冲天，即使再有才能也会影响整个团队的战斗力，最后因内讧而倒下。

【能人定律】　　帅才必须要有运筹帷幄的本领，而将才似乎更应注重于实际，因为他是领导者与基层执行者之间承上启下的桥梁。

14. 能人到处有，就怕不识货

小老板渴求能人，希望得力助手帮忙，打下一片江山。不过，能人不会从天而降，需要老板以发现的眼光去寻找。

比如，某个竞争对手悄悄在某地对本公司发起了攻势，这个时候就可以考查下属的能力，有的人因这些偶然的事件而惊慌失措，有的人表现出胆怯，而有的人用智慧和才能处理问题，最后挽回了损失，那么他就是老板需要的能人。

可以说，能人到处有，就怕不识货。一个公司要有不同类型的人，根据不同的特点正好可以分配在不同的岗位上。有时候，能人就在你的身边，只不过你视而不见。

（1）一个经常沉默寡言，十分遵守纪律，不爱活动、不爱交际的人做一个门卫或仓库保管即能发挥作用。

（2）一个忠诚肯干，受人尊敬的人，注意他有循规有余，进取不足的缺点，但让他安排生产，他就能带动职工勤奋工作，不会违反公司的纪律。

（3）一个科技研究人员，虽然有点傲气或者是清高，甚至有些不团结群众，但他只要头脑灵活钻研技术，不断为公司推出新的产品，就该委以重任。

（4）一个姑娘热情奔放，善于交际，但她总是坐不住，这样正好可作为公关小姐，以展其才能。

【能人定律】　眼光产生的利润是最大的。这一点，在选用能人上同样适用。

15. 使用冒尖天才四法

小公司用人的成功，在很大程度上取决于老板是否树立了鼓励冒尖的良好风气。营造一个人人争当先进的良性竞争局面，可以从下面几点入手：

（1）及时选用，不可拖延。

及时起用成绩突出的冒尖天才，尽快将其提拔到关键性的工作岗位上来，造成既成事实，使热衷于造谣中伤的小人的阴谋落空，自感没趣，只得偃旗息鼓，草草收兵。

（2）大胆选用，不可怯弱。

天才最需要得到老板的有力支持，有正义感的老板要及时对天才以最有力的鼓励和支持，选择一个适当的场合，向全体员工宣传天才的作用。

（3）鼓励选用，避免塌陷。

对于少数躲在人群里散布流言蜚语的掐尖骨干，老板只要一经发现，就应该不留情面，立即对他进行严肃的批评教育，迫使他及时中止对先进人物的掐尖行为。

（4）奖励选用，避免混杂

在精神上和物质上给天才以适度的鼓励，不仅有利于鼓舞少数天才的斗志，激励他们更快地成长，而且也在公众面前树立起一批具有说服力和示范作用的榜样。

老板要想打开局面,必须千方百计使用冒尖天才! 所谓"不拘一格"的关键是,老板冲破陈旧观念条条框框,融入现代公司"寓杂多于统一"的最高用人原则。

【能人定律】 世俗认为"出头椽子先烂","枪打出头鸟","人怕出名猪怕壮",所以一般天才的下场都很不好,但是要成就大业就必须大胆使用天才。

16. 家有能人不嫌多

美国福特汽车公司在亨利二世接管的时候,已经奄奄一息。为了迅速扭转局面,他提出了一个条件,即不被束缚手脚,能够完全放手进行他需要的任何改革。

改革首先从选择人才开始,亨利二世不惜用重金聘请管理人才,而且让他们在工作中拥有实职实权,充分发挥他们的才干。

在第二次世界大战期间,美国空军有一个数据管理小组,即以桑顿为首的10名卓有才华的年轻军官组成的"桑顿小组"。战后,他们决定凭借非凡的运筹能力和财会管理能力,作为一个管理小组受聘。听到这个消息,亨利二世立即把他们招致麾下。

不过,在录用的时候,这些青年军官提出的工资标准比较高,但亨利二世认为,这种高级管理能手正是公司事业发展所急需的,因此欣然同意了,并委以重任。后来,这10人中先后出现了四个公司高级领导,他们为福特汽车公司的发展做出了很大的贡献。

更为称奇的是，福特公司为了聘请到不愿离开一家小厂的德国工程师斯坦因曼斯，竟斥巨资把那家小厂收购。斯坦因曼斯不离开那家小厂的理由是割舍不开与那家厂的感情，福特公司买下那家小厂的理由是斯坦因曼斯是一个行业能手。

【能人定律】 那些基业长青的百年老店，之所以延续了一代又一代，一个很重要的原因是它们总是在关键时刻找到了发展所需的能人，从而度过了危机、突破了自我。

17. 培养"鲇鱼"式人物

挪威人喜欢吃新鲜的沙丁鱼，但是渔民在返航中捕获的沙丁鱼大部分会窒息死亡。后来，有人在鱼舱里放了几条鲇鱼，结果沙丁鱼受到威胁不停地四处游动，避免了窒息而死。这就是人们常说的"鲇鱼效应"。

受此启发，一些公司专门招聘几位"鲇鱼式"的人物，结果整个团队焕发了竞争气氛，充满了生机与活力。调查研究发现，"鲇鱼式"人物多是具有创造性的个体，他们的行为常会具有以下特点：

（1）冲动性：他们常常表现出精力旺盛、才华横溢的状态，且具有高度的工作欲望。不过有时这种欲望过强了，所以也会表现出控制不住自己的不安与焦躁。

（2）冒险性：强烈的欲望常促使他们向未来、未知的世界挑战，并且培养自己发现问题与解决问题的能力即创造力。

（3）自控性：主要指控制自己感情的能力。与这种能力相一致的是他们承认自我、并容纳自我，热情而不失幽默感。

(4) 自发性：这是一种按自己意志积极行动的倾向。他们具有这种自主性，所以思想活跃，努力实现自己的创造活动。

(5) 独立性：他们倾向于采取与众不同的观点与行动，在行动中不喜欢他人的过多干涉与关心，并按照独立的思路去解决问题。

(6) 灵活性。他们具有容易适应环境变化的能力，具有容易接受新事物、新观点的倾向。性格开朗，心态开放，爱好广泛，能接受各种价值观念，善于从失败和错误中学习。

(7) 持久性：这是一种精神上的耐久力，他们精力旺盛，富有生命力。在需要长期努力的科学技术研究或艺术创作中，具有坚强的意志力，且与冲动性不矛盾。

【能人定律】　　"鲇鱼式"人物富于创造力，能够提供竞争的氛围，因此是公司发展需要的人才。

18. 身兼八种能耐的通才

三国时期，刘邵编写了《人物志》一书，一再提醒要明确判断偏才和兼才。其中，对通才的标准做了详细介绍，那就是"兼有八种能耐"。

(1) 聪能听序。

一般人的毛病，喜欢说而不善听。善听并不容易，需要相当的历练，才能够做到"声入心通"，真正抓住对方的用意，作出正确的判断。

(2) 思能造端。

智商高并不代表创造力强，博学多才的人，如果不喜欢无中生有，也很难发挥创造才能。喜欢动脑，而且有能力创造，必须知道自己如何思考才最有效。

（3）明能见机。

"机"指机会，一个人能够掌握先机，把握转瞬即逝的机会，才能够发展自己的事业。机会来时，往往不容易看出来，所以必须洞察力很强。

（4）辞能辩意。

要建立良好的人际关系，必须提高应对力。现代社会，发言技巧相当重要。言辞能够充分表达自己的意思，不致辞穷理屈，也不会引起误解或造成缺失。

（5）捷能摄失。

一个人的反应是否敏捷，主要看他能否适时应变，以减少损失。有人善变，却未必命中目标。敏捷之外，还要看他应变的结果，要合理而且有效。

（6）守能待攻。

善守的人会隐藏实力，善攻的人会瞬间爆发，让人无从防备。守的目的在等待有利时机来进攻，以求自保而全胜。守能待攻，才是善于用兵的人。

（7）攻能夺守。

孙子兵法认为，攻势可使行动自由而掌握主动，将兵力集中使用以形成优越的态势。善于攻击的人，必先立于不败之地，然后一举击败对方，冲破守势。

（8）夺能易予。

凡是思维敏捷的人，多半能够迅即抓住对方的漏洞，对其施加压力，使其不得不认错。夺能易予，是谈判的技巧。

【能人定律】　老板知人的能力不足，就会被偏才唬住，以为遇到了绝顶高手，反而把深藏不露的兼才白白地放过，万一为对手所重用，那就后悔莫及了。

19. 选用有野心的聪明人

麦肯锡公司主要为企业高层领导进行咨询，故对人才的选拔相当苛刻。在招聘咨询人员时，它特别注重员工个人的素质，而不是专业或者其他方面。

(1) 你要很聪明，而且是真的聪明。

麦肯锡公司不但要求员工有思考和解决问题的能力，还要有超强的领悟力和学习能力。在和 CEO 谈话的时候，能很快理解他的意思，揣摩他的想法，明白真正困扰他的问题是什么。这就是一种实实在在的领悟能力。你得迅速掌握该行业的信息，有时你手头会立即堆起一大摞的资料，如何在"汗牛充栋"中找到最关键的，这就是学习的能力。

(2) 要有坚忍的毅力，能吃苦。

咨询顾问的工作很辛苦，平均 1 周有 3 天是在外出差，每天工作时间都在 10 小时以上，没有顽强的进取精神是很难胜任的。竞争压力、超人工作量都是很大的考验。对能力再大的人来说，如果不具备应有的毅力和吃苦精神，他的才干是无法得到展示的。

(3) 最重要的一点是要有野心，有干劲。

麦肯锡是群贤毕至的地方，想要在这样的环境下晋升，有 2 点很重要。第一，作为下属，你的目的是让头儿无事可干。你得让上司信任你，觉得把事情交给你很可靠。第二，要搞定客户，如果作为一个咨询人员，你服务的 CEO 习惯性地每逢重大决定都和你商量，征求你的意见，那么你就做到登峰造极了。

由此不难看出，在选用能人的时候，老板务除了注重水平、毅力等要素外，还要考察对方的志向。那些有野心的人，更能创造出众的业绩，让公司发展一日千里。

【能人定律】　　一个有野心的人，更加注重自身能力的培养，愿意随着时代和行业的进步不停学习，渴望承担更多的责任，主动找事情来做。这对老板来说是求之不得的事情。

第二章
网罗能人，选拔良将：找到最好的赚钱机器

借用能人的力量，小公司可以大大降低人力、物力、财力以及时间成本，实现做强的目标。网罗能人，一定要有耐心，坚持高标准、严要求，直到找到真正合适的人选来推动公司的事业，然后尽可能地放手让他们去做。如此一来，公司发展必定一日千里。

1. 淡化资历，强化能力

资历不是能力，资历深浅、辈分大小可以适当影响待遇的高低，但不能成为选拔员工的决定性因素。

(1) 才能与资历没有必然的联系。

看一个人的才能,不是看他过去干了什么,而是看他现在及以后能干什么。过去的经验不是没有用处,要害在于过去的经验能不能用于现在的工作。只要对方有潜力,就可以一试。

(2) 英雄不问出处。

把小公司做强,老板必须"不拘一格降人才"。比如,选拔业务主管的时候,就要用日常的销售业绩作为衡量的尺度,只要对方做出了业绩,哪怕只有初中毕业也要大胆选用。

(3) 领导人要有王者的气度。

历史上,伊尹出生低贱,只是一个陪嫁的家奴。但是,商汤听了他"借汤说汤"的谋略之后,不论资排辈,不计较出身,马上破格提拔,成就了大业。小公司老板也要有这种气度,才能成就一番事业。

【能人定律】　　老板应该突破学历、资历、经验等方面的硬性框框,要践行"适用才是硬道理"的用人方针。

2. "水平"重过"文凭"

在不少公司里,有这样一个现象——没有大学文凭,有的甚至初中毕业,可他们却从无到有,一步步练成了岗位能手。可见,在实际工作中,水平比文凭更加重要。

(1) 踏实、上进比学历更重要

小公司老板网罗能人的时候,一定要注意对方是否肯努力、懂上进,绝对不能只看学历。通常,只要聘用的人具备应有的潜质即可,然后对他们多加训练，就会成为好帮手。

（2）重学历，更重实力

在实力与学历之间，公司通常更看重操作能力，能否在工作中独当一面。老板要认清一点：学历只是一个人受教育的时间证明，并不等于证明一个人真有实际的才干。

【能人定律】　　工作能力比学历重要。在招聘选拔能人的时候，千万不要被对方的学历文凭和天花乱坠的自我介绍所迷惑，真正要考查的是对方的实际工作能力。

3. 做好准备选能人

（1）有诚意。不要认为礼贤下士只是我国古代开明政治家的一种个人优良品德，它也是选拔能人的有效之举。

（2）树立爱才的形象。借重才、爱才形象来吸引那些怀才不遇的仁人志士是最好的方法。这实际上包含着一个如何利用好现有能人，并给予不断满足，最后成就事业的过程。

（3）亲力亲为。调查表明，那些推崇小公司的学生，大都把"能感受到企业一把手之魅力"作为重要条件；而追求大公司的学生，几乎没人将此作为选择条件。

（4）准备好资金。人才选拔也要大量资金投入，否则很难成功。金钱、时间、热情样样不可少。

（5）宣传到位。创业初期，公司名声不够大，很少有慕名登门造访的，所以利用各种宣传媒介扩大声势很有必要，同时它还可以起到舆论宣传、扩大影响的效果。

【能人定律】　能人不会从天而降，既然决心选聘能人，就应该按部就班做准备，把各个细节做到位，赢得能人的信赖和青睐。

4. 清楚部门需要哪种能人

身为公司老板，应该知道哪一个部门为何需要这种能人？搞清楚这个问题，是快速、低成本解决用人难题的关键。

比如，某公司缺一个分析成本的会计人员。那么，究竟是哪一种成本分析呢？公司有没有其他特殊需求呢？如果这些都弄不清楚，如何去找人呢？如果自己都不了解，那么怎么去判断何人适合哪一项工作呢？

应该说，遇到这种情况，先确定工作职务的性质和条件，然后再来决定何种类型的人来担任此职务最适宜，最后去寻找担任此职务的人，这才是正确的途径。

【能人定律】　空言找人，不是找不到，就是找到了也不中用。此外，能人找来了，因为本身制度不健全，好好的人才不久也会失望而去。

5. 从细节处发现能人

通过无所不在的沟通渠道识别人才，从细微之处考查能人，这是中国传统识人用人的智慧。孔子说："视其所以，观其所由，察其所安。人焉瘦哉？人焉瘦哉？"意思是说，观看对方的作为，考察他的经历，了解他追求的目标，这个人就没有可以隐瞒的东西了，如此一来，我们就可以认清一个人的才干和品德。

福特年轻的时候曾经有过一次应聘的经历，在走进面试房间的那一刻，他发现地上有一片废纸，便毫不犹豫地弯腰捡起来，然后扔进垃圾箱。福特刚坐下来，一位主考官就微笑着走过来，对他说："年轻人，恭喜你被录用了。"

从小事做起，以自己的身体力行赢得雇主的青睐，这是福特的成功之处；而主考官则从细微处发现了福特可贵的品格。这就是孔子所说的"视其所以"的考查方法，即对于初次见面的人，要通过对方的一言一行、举手投足来观察他的品德；而对于我们熟悉的人，不仅要看他在工作中的表现，更要利用一切机会获得对方的真实想法。

【能人定律】 毛泽东经常号召大家要"调查研究"，"没有调查就没有发言权"。这对老板识别和发现能人是大有裨益的。

6. 小心求证，大胆任事

鸿海集团主席郭台铭敢大胆用人，敢给钱，在台湾地区企业界是出了名的。不过，他还有不为人知的一面，即在人才考证上谨小慎微，因为他深知，用错人的代价是惨痛的。

一个公司有好的战略和创意还不够，关键是找到有能力的人去执行。如果你托付的人缺乏应有的能力，不但会破坏公司运行，对授权的人来说也是一种伤害。

对此，郭台铭的做法是先小心求证人的能力，一旦条件许可就大胆授权。概括起来，"小心求证"的过程主要把握好两点：

（1）考查视角可以变，但选拔标准不能变。考查人才，要随着商业环境、企业发展阶段的不同而有所变化。但是，在选拔标准上，是不能随意改变的，那些原则性的东西必须坚持，比如人的能力绝对不能打折扣。

（2）任用速度可以快，但干部质量不能降。许多时候，要求快速选拔干部、快速上岗，甚至是临危授命。这时候，更对干部的质量提出了要求，那就是质量只能高、不能低，否则派不合适的人上去，只会坏了大事，到头来得不偿失。

【能人定律】 考察人才的能力要小心谨慎，但是人才一旦决定使用，就要大胆任用。

7. 不惜血本挖掘能人

对自己看中的能人，不管他暂时能不能给企业带来效益，也不管远近亲疏，老板一定要不惜重金盛情邀请。在这方面，台湾地区企业家蔡长汀就做得非常到位。

台大化学系高材生牛正基先生，毕业后赴美国布鲁克林理工学院深造。获得了高分子博士学位，在康乃尔大学研究两年后，他到某公司任开发部业务经理。当时，蔡长汀正想办一家高科技企业，于是对牛正基发出了邀请。

作为有着深厚业务功底的专门技术人才，牛正基在美国有优越的工作、研究场所和生活环境，是否会来中国台湾呢？看到这种情形，蔡长汀当即提出了优越的条件，而且在经济上给予他丰厚的待遇。

蔡长汀说："我给他20%的利润，等于帮他创业，这对他来说，比在美国大公司当雇员有意义多了。"最后，牛正基终于被感动，告别了妻儿，只身由美国赴台湾地区与蔡长汀共创大业。

【能人定律】　　老板想用能人，就要给予能人相应的发展平台和经济补偿。舍得花钱，才会得到能人的鼎力相助。

8. 慎用"天才型"的人

能人大多聪明，有天赋。但是，如何使用聪明人，其实需要相当的智慧。在此，日本西武集团负责人堤义明给我们提供了很好的借鉴，他不爱用聪明人，理由是：

（1）聪明人容易骄傲自大。

聪明人大多恃才傲物，看不起身边的人。显然，这样的人很难融入团体。他们认为自己永远聪明，慢慢地就失去了进取心，最后反而会落伍。

（2）聪明人经常制造麻烦。

与资质平平的人相比，聪明人更有野心，一旦他们的欲望得不到控制，必然给公司招来大麻烦。一旦他们掌握大权，很可能假公济私，最终影响到公司的稳定和持续发展。

（3）聪明人不珍惜晋升机会。

那些一流大学的毕业生，在获得职位晋升时，很可能认为自己是名校出身的"聪明人"，觉得理应被晋升，反而不会珍惜机会，工作上容易懈怠。

【能人定律】　　天才型的人并不是不能用，假如他们有一颗谦卑之心，懂得克制自己，严格要求自己，那么就是不可多得的人才了。对这样的人，管理者还要大开方便之门，破格提升。

9. 坚持"智能第一"的原则

老板选用能人，标准很多，而"智能第一"这个原则任何时候都不能放弃。所谓"智能"，不止包含应有的能力水平，还有当事人必须具备的做人做事智慧。

（1）能人一定要"可靠"。

小公司里的关键岗位人才，最重要的是可靠，其次才是水平能力。不可靠的关键人才，再聪明最终也只能导致公司财富加速外流。在这里，"可靠"实际上包含两层意思：一是能胜任岗位工作，有办事的能力和水平；二是这个人品德有保障，对公司忠心耿耿，愿意为公司出力、卖命。

（2）选对标准，选好核心人才。

不同的老板有不同的选人标准，这里既渗透着他们的商业经历、用人心得，也受到公司业务、商业模式的影响。"接班的人不需要太聪明，应该是智能超群的人"，这其实是众多老板经历商场风风雨雨后，道出的金玉良言。

【能人定律】　　老板招聘关键人才，必须充分理解"聪明"与"智能"的辩证关系。那些担任要职的人才，必须放弃玩小聪明的伎俩，谋求稳健的工作业绩。

10. 五种选拔能人的方法

在不断发现、网罗能人的过程中，人们总结出了一系列选拔能人的方法。概括起来，主要有下面几种。

（1）考试法。

这种方法的好处是，科学性强，能测试出人才的知识水平与专业能力的高低；但只凭考试方法也有一定的局限性，因此需要与其他选拔人才方法相结合运用。

（2）实践法。

这种方法的好处是，通过长期实践可以比较全面、深入地了解人才；但要防备当事人预先知道领导在考核自己，为了表现自己而做出某些假象。

（3）推荐法。

由最有知识、最有经验、最有能力的人，根据长期观察了解推荐人选到适合于某一工作岗位。采用这种方法如果推荐人为人正派，政策水平与认识水平高，有丰富的领导经验，对人看得准，了解得深，其效果就好。

（4）综合法。

即通过大家推荐、民意测验，再经过考试，或放在某一特定基层岗位去锻炼，待领导考核后再进行综合评定的方法。这是一种考核人才比较好的方法。

（5）选举法。

即通过选举来产生领导干部的方法。这种方法的好处是，可以避免推荐法的局限性，是一种在平等竞争的前提下由民主选举产生的好方法。

【能人定律】　选拔能人没有固定的方法可循，根据实际情况灵活运用各种技巧，才容易得到能人的鼎力加盟。

11. 选拔良将的七种途径

千军易得，一将难求。老板找到良将，就算成功了一半。那么，发现和选拔良将，有哪些途径呢？

（1）选聘制。

根据公司所需要的用人条件和聘用年限，面向社会，公开推荐自荐。然后，通过举行演讲、答辩或考试等形式，进行筛选。最后，进行组织考查、审定、聘用。

（2）任期制。

给重要职务规定出相应的任职年限和连任期限，任期届满，根据负责人的工作实绩和员工的公论决定其去留升降。

（3）在人才流动中发现能人。

人才流动，是人才的社会筛选。为什么"人一挪就活"？就在于人才不流动就不能进行选择，老泡在一个地方，就会变"皮"。

（4）选举制。

在有条件的地方，实行真正的民主选举，让每个人众充分发表意见，把基层中大家公认的人才推举到关键岗位上。

（5）通过新闻媒介发现能人。

报纸杂志是介绍各类新出现的人才的重要信息源，多留心翻阅报纸杂志，就可以发现公司所需的人才，主动去招聘或招调。

（6）挂职锻炼。

直接从在职人员或大学毕业生中，物色合适人选，给以机会，让其到本地或异地挂职锻炼，然后根据锻炼情况，经全面考查，择优用之。

（7）瞄准人才市场。

人才市场能最直接、最灵敏、最及时地反映人才供求状况。在人才竞争中，总是优者处于有利地位。因此，通过人才市场，最易发现和选用优秀人才。

【能人定律】　选拔良将的途径是无穷无尽的，最重要的是老板要根据岗位特色、职业特点，想清楚所需良将的胜任要求，从而找对人、办对事。

12. 选能人要把握两个关键

一些公司频繁招聘，结果能留下来的人很少。这种周而复始的重复劳动造成了很大的人力物力损失。如何保证招聘到公司真正需要的能人呢？

（1）有良好的工作态度。

良好的工作态度，往往能为本人带来工作激情和动力，从而提高工作效率。当然我们不能将工作态度简单地和工作绩效联系在一起，还必须考虑到公司环境的各种具体条件的影响，这是公司在日常经营管理时所应该考虑和处理好的客观因素。

（2）心理素质不可忽视。

现代经济社会的竞争是激烈与残酷的，而这势必给每一个公司每一个员工造成强大的压力。公司是否能顶着压力前行，是否能在竞争中脱颖而出，不仅看员工的技术水平和工作能力，还要看其是否具备良好的心理素质。

【能人定律】 所谓能人,不仅体现在出色的工作能力和专业水平上,也包括当事人具备应有的责任意识、办事品格、心理素质等要素。

13. 从内部寻找业务能手

王永庆在台湾地区是一个家喻户晓的传奇人物,他从白手创业到主持台湾规模最大的台塑企业集团,从贫无立锥到台湾地区首富,是经过一番奋斗的。他用自己的言行告诉我们:人才就在你的身边,必须善于从企业内部寻找"良将"。

每当台塑缺少人员时,并不是立即对外招聘,而是先对本企业内部员工进行考核,看看其他部门有没有合适的人可以调任。如果有的话,先在内部解决,填写"调任单",两个部门互相协调调任即可。

通过内部甄选优秀的人才有两大优点,一方面可以改善人员闲置与人力不足的状况,达到内部人员的最优化配置;另一方面,则因人员已熟悉公司环境,就可以节省下基本培训的费用和时间。

同时,这样做还可以发挥轮换的作用,将那些不适合现任职务的人,或对现任职务懈怠的人另换一个工作,使其更能发挥所长;而且分工太细,组织僵化等现象,也可以从调任中消除掉。

【能人定律】 管理上了轨道,大家懂得做事,能人自然会被发掘出来。将自己企业内部制度健全起来,是一条最好的选才之道。

14. 鼓励员工自我推销

老板既要对员工进行实事求是的提拔，又要员工敢于推销自己，把握发展个人职业生涯的机会。这种鼓励人才自荐的做法能激发员工的积极性，开发其潜在才能。

(1) 营造毛遂自荐的公司环境。

自荐是潜在的人才脱颖而出的重要途径。自荐需要勇气，需要克服习惯势力、传统观念和一些世俗偏见的束缚。因此，老板必须努力营造毛遂自荐的公司环境。

(2) 公司要善于发现每个人的志向。

许多时候，员工对自我职业的选择往往不以为然，这不仅对个人发展相当不利，对公司成长也是一种阻碍。因此，公司要善于发现每个人的志向，同时鼓励员工勇于表现自己的志向。

【能人定律】　员工的升迁机会由上司决定，这种人事管理制度是很有缺陷的。因为，当上司不了解下属才能的时候，能人往往会被埋没。

15. 从名牌大学招募优秀员工

能人在哪里，他们一定是经验丰富的老手，在大公司的关键岗位上打拼，或者自己创业，拥有了一份不错的事业。因此，小公司老板网罗能人的时候，不要总想着拿来主义，而应看重人的成长性和发展潜力。

为此,可以从名牌大学中招募优秀人才,把他们培养成能人。那么,名牌大学的毕业生有哪些优势呢?

(1) 专业功底深厚,知识基础扎实。

名牌大学的毕业生拥有雄厚的科学技术和专门业务的知识存量,是同时代人中的佼佼者,自然会受到公司的青睐。

(2) 善于学习的本领能大大降低用人成本。

与其他人相比,名牌大学的毕业生智商、情商都比较高,勤于动脑和思考,善于用各种方法改善工作,因此能为公司节省时间和金钱,降低了经营成本。

【能人定律】 每年,公司都会收到数以百计、千计、万计的求职简历。在吸收年轻新人的时候,老板要特别注意到那个著名大学里选拔优秀分子。

16. 借猎头公司找到能人

选拔基层岗位员工比较容易,找到高级管理人员、高级经营人员和高级技术人员等各种高级人才,会比较吃力。这就需要借助猎头公司的帮助。

(1) 能人不容易找到。

社会中苦苦寻求工作机会的人往往能力一般,专业经验也不到位。而具有较好的能力和经验背景的人,通常有一份稳定的工作,发展良好,所以不会关注外界招聘活动,我们也就无法找到这些能人了。

(2) 猎头是牵线搭桥的好帮手。

猎头是推销和猎取高级人才的一条有效途径。在国外高级人才跳槽完全靠猎头,否则雇主很难相信应聘者自述的实力。它为当今的高级人才市场向产业化、社会化方面发展做出了有益的探索。

(3) 发挥猎头公司的价值。

IBM 公司曾在发展中处于低谷阶段，由于猎头公司为其请到了郭士纳先生任其总裁而使公司获得了长足发展。猎头公司也因此得到该企业 300 万美元的回报，令人咋舌。

【能人定律】　　猎头公司能够为老板提供行业能手，同时也可能从你这里挖墙脚，因此必须加以提防。

17. 让行业专家为自己打工

对小公司来说，内部人才储备的功课要做，但也不能忽视外部人力资源的利用。成功的老板必须善于驾驭各方面的成功人士，尤其是行业专家。

"行业专家"，其实是我们常说的"外脑"，包括经济学家、有经验的公司家、行业的专家、教授等。那么，在什么情况下需要请教专家呢？

(1) 市场的变化增加了决策的难度，需"外脑"助力时；

(2) 老板自身的素质需"外脑"优化时；

(3) 管理的科学化需"外脑"协助规范时；

(4) 发展的关键时刻需"外脑"把关时；

(5) 防止决策主观片面需"外脑"平衡时；

(6) 老板预感未来竞争激烈，公司可能有潜在风险时；

(7) 老板决心通过管理提高品质和改善服务时；

(8) 组织需要进行综合诊断，以系统化地明确存在的问题时；

(9) 组织膨胀，不能再用传统型经验方法领导时；

（10）老板需要对整个组织进行"再造"和改善各项职能时；

（11）组织需要加强进入市场能力时。

【能人定律】　借用一个行业专家的力量，让行业专家为自己打工，可以大大降低企业依靠自身力量所需要的人力、物力、财力以及时间成本。

18. 找到行业内最优秀的人

想把公司做大，但是又不敢承担风险，这是许多小公司领导人的共同心理。把公司做强做大的难度在于，无法获取行业内最优的资源。这一点在用人上表现得尤其突出。在此，我们不妨借鉴一下通用电气的成功经验。

通用电气多元化战略成功运作的人才理念，就是寻找每一领域最优秀的人才。比如，利用印度强大的研发能力，通用电气塑料事业部在印度建立了一个新的基层研究开发中心，聘用印度的博士；而通用电气医用系统事业部则在以色列从事新的核产品的开发；通用电气在东欧还有 11 家工厂，因为在捷克、斯洛伐克能找到比美国更好的冶金学家。

上面这种做法，使通用电气公司找到了行业内最优秀的人，因此在市场竞争中具备了制胜的基础。小公司选用能人的时候，不妨加以学习、研究。

【能人定律】　把公司做强、做大，必须认识到整合行业资源的重要性。尤其是在人力资源整合方面，老板更要有独到的见解。

19. 如何考核能人的水平

（1）为找到能人设计一套选拔程序。

为了找到高素质的能人，微软采取员工推荐、报纸及行业广告、贸易展和会议、校园招聘会、网上设置公司起始页、实习计划及猎头公司等方法，着眼于整个公司需要选拔优秀分子。

（2）设计书本之外的问题，考察能人的睿智程度。

一些到微软进行过面试的人说，应试者进入微软，就会觉得过去学过的书本上的知识全都用不上。面试中微软公司常给那些刚毕业的大学生出一些稀奇古怪的问题，这种书本之外的问题，更能考察一个人的知识积累，对世界的理解程度，思维特点，以及价值观等。

【能人定律】　小公司必须设计一套行之有效的用人制度，切实保证把优秀的人才汇聚在公司内，为公司的长远发展提供有力的支持。

20. 为公司长远发展储备能人

在《水浒传》里有这样一个情节：梁山为了破呼延灼的连环马，需要徐宁来教钩镰枪，于是吴用就想了一计，偷了徐宁的宝甲，最后将徐宁引上梁山，终于大破连环马。

其中，那个盗甲的人就是"鼓上蚤"时迁。上梁山之前，时迁偷了祝家庄的鸡，晁盖为此要杀他，宋江把他保了下来，看中的就是他一身飞檐走壁的本领,将来会用得着。于是,才有了时迁盗甲,以及后来的火烧翠云楼,为梁山立下了赫赫功劳。

这件事给我们很大启发:与众位好汉相比,时迁只是一个不起眼的小角色,然而宋江没有因为一时用不到时迁就放弃了他。老板选用能人,也应该有这种思想。

小公司招人的时候,总是会首先考虑到最急需的人才,而不会想到要为公司的长远发展做人才储备。结果事到临头,才急着四处找人,弄得自己十分被动。

因此,老板必须考虑好公司的发展计划,如果在短期内会扩大规模、开发新产品,那么就要注意提前储备能人,避免出现"平时不烧香,临时抱佛脚"的情况。

【能人定律】　　"有事有人,无事无人",这种情形太常见了。许多时候,找到人来应聘倒是不难,但是真正熟悉公司情况,来了后就能担起工作担子的人还是不太容易找到。

21. 把庸才踢出门外

知人善任,是老板获得事业成功并赢得部下信赖的重要手段。作为上司,一方面要选贤任能,同时要适时淘汰平庸之辈。

面对一个不称职的员工,你在犹豫什么?是想再多给他几次机会,是怕解雇之后找不到人顶替,还是他在其他方面表现很出色,弃之可惜?顾虑越多,问题越多,日后的麻烦也越大。不称职的人必然给经营管理带来麻烦,最好的办法是快刀斩乱麻,把他们解雇。

对老板来说，最难的是解雇那些"鸡肋人物"。通常，这些人物工作努力，也很懂礼貌，善解人意，甚至在公司有很好的口碑，但是他们在工作中却屡屡犯错，经多次提醒仍不见起色。对于这样的人，解雇起来是需要勇气的。

（1）委婉解雇。如果你觉得解雇别人太冷酷无情，或有碍于情面，那就选择一种令对方易于接受的方式，委婉地劝他们离开。

（2）强硬解雇。制度不容情，当感情渗入工作时，最好当机立断，不为感情左右。对那些难缠的人，可以着手办理解雇手续，不讲情面。

【能人定律】　　评定人才优劣，忠诚固然是第一标准，但不是以善于逢迎为标准，而是以谁肯为其卖命，谁出力大，为衡量人的标准。面对平庸碌碌之辈，老板要下狠心解雇，给能人腾地方。

第三章
忠诚第一，能力第二：缺乏忠诚，本事越大越坏事

一个人能力差一点，可以通过学习来弥补，而一个人不忠诚，则很难赢得公司青睐。当然，一味忠诚而缺乏必要能力的人，也不受老板欢迎，因为他缺乏效忠的本事。

1. 注重能力，不忽视忠诚

一家成功的公司，往往需要几个精英，比如工程师、会计师、销售经理。令人遗憾的是，好景不长，能人纷纷跳槽，或者各自为业，造成公司发展后继乏力。

还有一种现象：一些小公司的重要职位都由老板的亲戚把持着，而这些所谓忠诚的亲戚常常是没能力、根本干不了工作的人。

能力，忠诚，到底哪一个更重要？如何平衡二者的关系呢？

（1）提出约束条件。较为理想的办法是：用相应的条件约束员工，使之形式上是有能力或是忠诚的。

（2）对强调能力的岗位，老板必须采用一定措施来加以限制。否则，这种能力任其发挥，没有防范措施，最后倒霉的只有公司。

总之，我们鼓励老板用能人，打开局面，但是不能忽视对能人忠诚度的掌控。因为，能力越强的人，如果忠诚无法保障，那么对公司的损害就会越大。

【能人定律】　　忠诚与能力本身都是抽象的东西，老板常常凭借个人的直觉加以判断，其结果往往与实际相差甚远。

2. 忠诚到底是什么

要判断一个人是否忠诚，首先必须回答："一个人为什么会忠诚，而另一个人却不忠诚？原因究竟何在？"

(1) 忠诚与人性没有关系。

很多人都认为忠诚与否，是由人的本性决定的。其实，人的本性都是一样的，差别仅仅在于已有的经历会塑造个人独特的行为方式、思维惯性。

(2) 忠诚是一种巩固的利益关系。

忠诚不是对他人的顺从，而是对自己利益的重视，它代表的是一种巩固的利益关系。一个人只能从你那儿获得最大利益，而不能从其他任何地方获得，他就会对你忠诚。

(3) 忠诚来源于"期望平衡"

一个人的期望，与他得到的实际利益，产生了某种程度的平衡，这个人就会相对忠诚。反之，当个人利益不能达到期望值时，他就会产生背叛。

由此看来，小公司如果想留住能人，让他为你卖力，必须提供应有的待遇，并且得到对方真心的认可。一旦达不到能人的期望，对方就会走人，或者做出损害公司利益的事情。

【能人定律】　　绝对的忠诚是不存在的，老板要让公司与能人在利益上达到一种平衡，产生一种相互依存关系，才会有所谓的忠诚，关系才能长久。

3. 别遭了家贼的算计

王老板在图书出版界摸爬滚打十几年了，如今业务蒸蒸日上，每个月都有新书问世。事业有成，王老板把制版、印刷、纸张、销售等业务都交给了手下人打理，自己只负责书稿。

生意好，王老板自然得意。同行的朋友见面就说："王哥，你最近又发了，书店里到处都是你的书！"王老板客气地回答："不敢当！不敢当！没赚几个钱！"王老板确实没赚多少，而且常常纳闷："奇怪了！大家都说这本书畅销，我印的数量也多不到哪儿去啊！"

这一天，王老板路过仓库，顺便进去看了一眼。他走到那本畅销的跟前，只见新书堆到了天花板。他数了数，摇摇头："奇怪！我库存账上是四万本，怎么居然有六万，难道是印刷厂印多了？"

看到这里，大家应该明白了吧。没错，有人瞒着王老板，偷偷印书，中饱私囊。后来一查才知道，是公司人员干的"好事"。更令人愤慨的是，对方不但盗印图书，还借用王老板的仓库存书，简直欺人太甚！

为了专心做内容，王老板把印刷等业务交给了能干的下属，但是由于缺乏必要制度性安排和约束，被别有用心的人钻了空子。这种教训是极其惨痛的。

【能人定律】　　商业世界是利益的争夺场，如果缺乏必要的约束，那么公司人员的忠诚就失去了保障，很可能做出一些违法勾当。这不但会损害公司利益，对能人来说也是一种损失。

4. 忠诚度下降的三种情况

一些公司大老板，好不容易找到了一个称心的经理人，但是大多没过蜜月期就分道扬镳了。类似的情况还有很多，那么造成能人忠诚度下降的原因是什么呢？

（1）双方的期望落差过大。

彼此的期望没有充分表达，当逐渐了解到对方的期望后，或者因为不能满足对方的期望，或者认为对方的期望不切实际而轻视对方的期望，因而造成其中一方不满。

(2) 无法满足对方的期望。

一方，或者双方，没有想到对方的期望要由自己来满足，最后发现不能为对方的期望提供满足，因而造成对方不满。

(3) 利益分配产生矛盾。

彼此之间获得的利益满足不对等，一方获得的满足大，而另一方却相对较小，较小的一方产生了不满。

【能人定律】　利益，是破解许多矛盾和问题的密码。老板用好能人，提升对方的忠诚度，也要从"利益"下手，妥善处理双方的关系。

5. 十步提高能人忠诚度

IBM 的一位员工曾说："如果离开 IBM，我就不会在 IT 行业干了。"这就是忠诚度的作用，也是培育能人忠诚度的目标。为此，老板不妨从下面十个方面入手。

(1) 支付有竞争力的个性化薪酬。

(2) 下放施展才华的管理决策权。

(3) 给予持续不断的充电机会。

(4) 开展客观公正的绩效考核。

(5) 安排富有挑战性的工作任务。

(6) 建立迎合需要的职业管理机制。

(7) 实现亲密无间的交流与沟通。

(8) 实施无微不至的亲情化管理。

(9) 培养和谐宽松的人文环境。

(10) 推行灵活自由的弹性工作制。

【能人定律】　许多企业强调用人的忠诚度。事实上,忠诚度不能作为要求,而是需要企业自己培养。

6. 防止助手变成对手

再高明的老板也离不开得力的助手,他会帮助你游刃有余地驰骋商海,取得成功。但是,在严酷的市场竞争中,有时也会出现助手变成对手的可怕暗流。对此,不得不防。

仔细分析起来,助手变对手的原因,不外乎以下几种:

(1) 助手贪财好利而临阵倒戈。利益面前,没有君子。当受到外界利益诱惑的时候,助手可能变成竞争的对手。

(2) 助手觉得怀才不遇而弃"暗"投"明"。能人往往恃才傲物,一旦有新的机会摆在面前,他们大多会投奔新的前程。

(3) 助手一心谋求"自我发展",而另立门户。为了实现创业的梦想,能人会在时机成熟时自立山头,从而成为昔日老板的竞争者。

(4) 因老板自身的弱点,使助手弃他而去。看不惯老板的种种不好,到了忍无可忍的时候,能人也会选择各奔东西。

【能人定律】　许多老板喜欢"量才录用",这固然不错,但是,有才者未必一定就有德,选择德才兼备的助手才是上上之策。

7. 获得忠诚的期望平衡法

期望平衡法是通过公开准确表达自己的期望，并通过平衡彼此的利益，以结成相互依存关系，稳固彼此之间的联系，达成持久的真诚合作的一种方法。其操作要点如下：

（1）明确我对对方的期望。即我需要从对方获得什么样的利益和欲望满足，并要尽可能具体化，能数量化的要数量化。这可以使对方明确，要建立一种相互依存基础上的忠诚，其前提和基础是什么。

（2）让对方也明确提出他的期望。即让对方明确界定他希望从我这里得到的利益满足，这样可以从中获得明确的判断。

（3）交换评价对方的期望要求。如果对方的期望是自己可以满足的，并且和自己向对方提出的期望进行比较，基本上平衡，那么忠诚的基础也就存在了。

（4）相互承诺。相互保证为对方的期望提供满足。这样是建立合作关系或忠诚关系的基础。双方可以通过磨合，修正彼此的承诺。

（5）检验承诺。当对对方兑现承诺没有信心时，有必要通过试用来检验。企业引进人，有一个试用期，这实际上就是在做承诺检验。

（6）稳定依存关系。如果双方存在依存关系，二者相互从对方获得的利益满足基本平衡，并且又能够顺利通过承诺检验，这种长期的依存关系也就可能建立起来，那么彼此之间也就建立了一种忠诚关系。

【能人定律】　中国人总是羞于言利，甚至对自己获得的期望满足不满时，还要找一个冠冕堂皇的理由分手。这就需要通过制度和文化来调整，打破虚伪的"君子不言利"的心理限制。

8.别给骑驴找马者当跳板

一些小老板总是抱怨:刚毕业的大学生只不过是为了取得学分而做事,等工作经验丰富了,又要跳槽到新公司。这样的人即便有再大的本事,也不可重用。

(1)实习生领取毕业生的薪水。

那些谎称已经毕业的学生领着毕业生的薪水,隐瞒了自己还未毕业的事实。而老板不知内情,仍然在他们身上投入了高昂的培训费,到头来加大了员工成本。

(2)频繁请假导致无法安心工作。

实习阶段的学生必须常请假回学校,应付一些相关事项,比如写实习报告或搞毕业设计。这样一来导致他们无法全身心投入到工作中去,影响了个人业绩。

(3)随时跳槽打断了公司发展节奏。

一些老板明知实习生的真实身份,也隐忍着培训他们干好工作,期盼他们毕业后全力为公司打拼。可是,实习生一旦有好的工作机会,就会马上跳槽,让公司发展陷入混乱。

【能人定律】　骑驴找马的情形很多,一些人身在曹营心在汉,抱着随时跳槽的想法做事,这样的人本事再大也无法给公司创造价值,反而会严重损害公司持续、健康发展。

9. 最重要的是看透人心

在公司里，人们出于各种目的、为了各自的利益，会表现出各种情态，有时候说的话也言不由衷。这时候，老板必须善于透过各种表象看透人心，才能知道哪些人能用、可用，以及怎么用。

姜太公八十遇文王，辅佐武王建商周。他之所以能够成就这一伟举，一个重要的原因就是掌握了看出人心本性的方法。对此，他在兵书《六韬》里是这样记载的：

(1) 多向部下提问，获得对部下深层次的了解。所谓问之以言，以观其详，讲的就是这个道理。

(2) 必要时，可以故意把秘密说给他听，以此来观察他的德行。如果一个人不能守口如瓶，那是不能办好事的。

(3) 善于追根问底，以此来测定真假虚实。如果对方显得惶惶不安，则表明他刚才所作的回答大有问题；如果对方显得很坚定，安如泰山，则表明他的确讲了真话。

(4) 故意派人去诱发对方谋反，以此来评定他的忠诚程度。所谓"与之间谍，以观其诚"讲的就是这种方法。

(5) 故意让他经手钱财，看他是不是廉洁。时间一长，这个人到底是贪财，还是克己奉公，都会表露无疑。

(6) 故意带他到声色场所，看他如何表现。有些人很在乎钱，有些人则常沉迷于女色。这两种人都会因此而败事，不能委以重任。

(7) 把困难摆在他面前，以测试他的勇气。故意把困难的事情告诉他，如果他表现得为难或胆怯，则表明他不足以成大事。

（8）有机会灌醉他，从他的酒后失态中判断其人的品性。如果有必要的话，把对方灌醉，马上观察他的样子，这对判断人的品性有相当的帮助。

【能人定律】　对于有本事的人，老板要练就一双"火眼金睛"，看透人心，戳穿他们的伪装，不被对方蒙骗。

10. 反对你的人未必不忠

能人对公司是否忠诚，不能仅仅从"顺从"这个角度来判断。盲目地服从，是"愚忠"，对公司和老板来说都有害。因此，正确的做法是弄清楚反对的原因，对症下药。

（1）反对者自身思想认识有问题。

有的是下属思想认识问题，一时转不过弯来。对于反对者切不可操之过急，而应多做说服工作。实在相持不下，一时难以统一，不妨说一句：还是等实践来下结论吧。

（2）老板确实存在着不足。

有的是老板的思想方法欠妥或主观武断，脱离实际；或处事不公，失之偏颇。对于这种反对者，最好的处理方法就是从善如流，在以后的行动中来自觉纠正。

（3）反对者固执己见，挟私报复。

有的是反对者因为个人目的未达到，或老板坚持原则而被得罪过，提出反对意见。对于这种人一方面要团结他，一方面要旗帜鲜明地指出他的问题，给予严肃的批评和教育，切不可拿原则作交易，求得一时的安宁和和气。

【能人定律】 能人提出反对性意见，是很正常的。老板不问青红皂白，挟嫌报复，处事不公，会严重挫伤能人的积极性，是对公司利益的伤害。

11. 提防潜伏在公司的野心家

公司里总有一些人喜欢打探内部机密。比如，公司股东的成员，背后有哪些财团支持，公司资金运用的情形，公司扩充计划的内容，等等。这些商业机密，决定着一个公司的生死，必须严加保密。

问题是，一些人因能力出众而担任要职，接触到了这些商业机密，却又别有用心。如此一来，整个公司的利益就危险了。

这些潜伏在公司内部的野心家，一旦了解了内部机密，会费尽心机地想知道更多。他们这么做，是有多重考虑的。

（1）窥测公司发展前景，早做打算。

有能力的人担任要职，自然关心自己的前途。他们了解了公司机密，会对公司前景有清楚的认识，进而盘算自己的发展空间有多大。如果公司有钱，他们的"野心"一般都会跟着膨胀；如果公司财力不济，他们也会未雨绸缪，早做准备，公司财力耗尽之日，也就是他们走人之时。

（2）出卖商业情报，牟取私利。

有的人接触到了商业机密，会故意泄露出去，或者出卖给同行其他公司，获取不菲的报酬。因为，这些打探出来的公司机密可能是非常有价值的商业情报，自然有人求之不得。当然，这种出卖商业机密的行为就是一种不道德或违法的商业间谍行为了。

【能人定律】 让担任要职的人接触到内部机密，必须采取防范措施,包括签订合同,约束对方不出卖情报。这是管制能人的必要手段。

12. 任用帅才不忘考察人品

老板任用帅才的时候,不能忽视对"人品"的考察。在这里,"人品"包含了诚信、尽责、忠诚等要素,是领导者必备的素养。

很难想象,一个担任管理及领导职务的人,如果在人品上存在瑕疵,那么他就不会好好做人,也会在做事中碰壁,势必影响整个团队的协作、发展。

之所以对帅才提出这种严苛的要求,是因为管理与领导岗位会影响太多的人。一个人品不过关的人一旦被任用,那么他的能力越大,将来产生的破坏力也就越大。比如,他可能带坏了团队风气,扰乱了人心,这对公司来说都是致命的危险。

小胜靠智,大胜靠德。对帅才而言,在做人上不出问题,是做好事情的基础,是创造业绩的关键。对此,老板要心中有数。

【能人定律】 因为德行不足,那些才华非凡的人遭遇重大失败,这种教训实在太多,也太深刻了。帅才不应该让"人品"成为自己的短板,老板也不应该犯失察的错误,而误用"人品"有问题的能人。

13. 忠诚测试:揭穿虚伪迎合的人

一些人很有能力,却没完没了地在大家面前表示忠诚、在老板面前表示

"愚忠"，常常让人难以鉴别。其实，越是自称"愚忠"，越应该加以警惕。

古代有一位官员对于驾驭部下十分在行。一个寒冬的日子，他对随侍身旁的一个下属说道："这么寒冷的天气，你的脚想必已经冻僵了，我原来想找出我那双旧袜套送给你保暖，可是找来找去，只找到一只，虽然一只袜套没办法穿，不过为了表示我的诚意，希望你能收下这只单独的袜套。"

大约过一个月以后，有一天官员忽然又把那位下属找来，告诉他说："我找到了另一只袜套，现在你把原来那只袜套拿出来，就可以凑成一双穿起来了。"官员之所以这样做，是要从下属对他所赏赐东西的收藏态度，来试探这个下属事主的忠诚如何。

人的行为是人心理活动的结果。人的心理藏于内心深处，如果本人不愿表露出来，是很难把握的。对那些伪装的人加以认识并防范，有许多方法，核心是"忠诚测试"。

比如，有的上司评估员工的最佳办法是在观察他们工作，以及收集有关他新工作领域资料的同时附带将他的前任、上司和其他员工的评价作参考，当然，最直接的还是问员工本人。一般来说，通过前后对比，就能检测出一二来。

【能人定律】　　有才华的人机敏过人，但要提防他们使用蒙蔽手段。识破假象，并不难，关键要掌握方法，对症下药。

14. 把能人培养成心腹

有一次，周武王问姜太公如何统率军队部属，姜太公回答："心腹一人，谋士五人。"对老板来说，这是一个值得琢磨的建议。

　　心腹只有一人，否则做事要决策时，将会有许多意见，意见分歧，难做决断，就不易成大事。可是辅佐的谋士，要越多越好，这样才能集思广益，开阔思路。

　　能人有高超的手腕，凭借独当一面的功夫走遍天下。在小公司里，他们是决定老板命运的关键人物。因此，把能人培养成心腹，让他们跟老板一条心，这家公司就后顾无忧了。

　　（1）帮老板掌控全局

　　所谓心腹，就是辅佐领导、拟定策略的人。这种人不仅会帮老板掌控全局，更能在紧急的时刻沉着应付变化的情势，因此是老板的左膀右臂。

　　（2）控制心腹的数量

　　不管是团体或者公司的领导人，心腹都不能超过两个人，这是奇妙的心理所造成的。假如公司有三个副老板，一旦老板有事，只有一人做最后决策，恐怕大家会争得不亦乐乎。

　　【能人定律】　　在一个团队里，能人本事大，本身就有号召力，会左右他人。老板把能人培养成心腹，不但有利于打江山，更有利于守江山。

第四章
知人善用，能职匹配：给能人用武之地

能职匹配，从根本上讲是因事设人，从而避免人才浪费或庸人执事。能职匹配，一方面要考虑是否胜任其职，另一方面要防止"功能过剩"，即避免"大材小用"。

1. 别离开岗位谈能人

什么是能人，不同的人有不同的见解。对此，蒙牛集团创始人牛根生有自己独到的看法："所谓人才，就是合适时间合适地点的合适人选，即最适合岗位的人员。离开岗位谈人才，就像离开矛谈盾，离开船谈帆，离开脚谈鞋，并无实在意义。"

在牛根生看来，不能离开岗位谈人才，对能人也是如此。评价一个人本事大小，才能高低，必须看他在岗位上干了什么，做出了哪些业绩。

比如，一个人负责市场营销工作，但是业绩平平，那么他即使有其他方面的才华，对公司来说也不能算是"能人"。因为，他的岗位价值没有体现出来，没有创造效益。

　　【能人定律】　　老板用人的目的，是让其创造价值、带来效益。因此，判断一个人是不是能人，必须看他在岗位上的贡献大小。

2. 不拘一格选能人

　　把小公司做强，必须大胆选拔有才能的人。一个老板会用人，首先表现为用人不拘一格，千变万化，因人而用。

　　(1) 能人更多都是历练出来的，因此应给员工舞台，使之冲上云霄，战风斗雨；

　　(2) 办事情完全在于任用人才，而任用人才全在于冲破原有的格局；

　　(3) 一个人壮年精力旺盛的时候，最应该得到重用，这是发掘能人的原则；

　　(4) 对立下大功的人不要寻求其细小的毛病，对忠心耿耿的人不要找其细微的过错；

　　(5) 如果一个人有大才，那么就要重用，越级提拔，千万别限资历。

　　精明的老板都善于使用冒尖的人才，带出一批精兵强将，最终让团队的潜能得到发挥，也成就了自己的事业。

　　【能人定律】　　失败的公司，首先败在不敢大胆用人上。老板无法让能人的才华展现出来，最终会使公司失去生机，失去竞争力。

3. 坚持"能职匹配"

能职匹配，从根本上讲是因事设人，从而避免人才浪费或庸人执事。"用人必考其终，授任必求其当"，这里的"当"包括以下两方面的内容：

（1）用人必求适位。

每件事都有不同，每个人又各有所长，任用人的要点在于，必须使"人"的长处适应"事"的需要，从而实现"事业得人"。

（2）"制器必用良工"。

欲使能当其位，必用"精术"之人。因为，同为"胜任"，有两层含义：一方面是"完成任务"；而另一方面却是"卓有成效"，其中包含"很有创见"。人们所希望的当然是后一方面，而要实现此目的，非得"良工"不可，即非精于此道而具高超技能者不可。

【能人定律】　　"能当其任"是任人的重要原则，是因事择人的首要前提。而欲能当其位，首先要求授任必求其当。

4. "大材小用"是资源浪费

能职匹配，一方面要考虑是否胜任其职，另一方面要防止"功能过剩"，即避免"大材小用"。那么，如何把握好后一点呢？

（1）任人标准应保持"弹性"。

人的潜能是无限的，对能人来说更是如此。选用能人的时候，应该根据岗位需要，把任职标准分为"必要条件"和"参考条件"。"必要条件"就是从事某种工作不可缺少的必备条件，"参考条件"就是有之更好，无之也可的条件。在备选人员较多的情况下，必要条件则可高一些；反之，则可低一些。不过，也必须以"胜任工作"为原则。

（2）任人标准不可贪求太高。

人才高消费是许多公司普遍存在的问题，这不仅浪费了人力资源，也无法保证有才能的人安心工作，还会让真正能胜任的人望而却步。因此，任人标准不可贪求太高，否则必然会有违因事择人之初衷。

（3）取消一切不必要的标准。

添加不必要的条件和标准，在客观上缩小了备选人员范围，增加任人的难度，属于画蛇添足。因此，老板要想清楚岗位要求到底是什么，并据此实事求是地制定胜任标准，直至找到合适的能人为止。

【能人定律】　　"大材小用"势必造成一个人能力的部分浪费，势必造成"高位"无才和"低位"人才堆积的情况，势必挫伤"大材小用"人员的积极性，使其另图高就，难安其心。

5. 欲得千里马，先爱百里驹

人人都爱"千里马"，但是有头脑的老板却更爱"百里驹"。这并不是轻重倒置，而是因为"百里驹"确有许多可爱之处。

（1）"百里驹"是"千里马"之源。

世上"千里马"并非天生就有，它们都是从"百里驹"中"蹿"出来的。从技能上看，"千里马"千里之能的发展也有一个过程，而"百里驹"

的实践努力，正是"千里马"的经验之源。只要部下有足够的潜能，老板就该帮助他们成长，进而取得超乎常人的贡献和建树。

(2) "百里驹"是事业发展的基本力量。

一个公司离不开"千里马"，同时也需要"百里驹"去完成更多实实在在的工作。比如，高级技术人员如果离开初级技术人员的配合，也会一事无成。

(3) 近处"百里驹"可取，远处"千里马"难寻。

得到"千里马"固然值得庆幸，但是刻意寻找往往并不容易。老板如果放弃身边的"百里驹"，而等着"千里马"效力，犹如等待远水以救近火，是极其蠢笨的做法。

【能人定律】 "百里驹"必不可少，是公司长期稳健发展的基础，老板在重视"千里马"的同时，应该"马作马用，驹作驹使，恰当安排，各得所宜"。

6. 用好能人要"治庸"

麻雀虽小，五脏俱全。任何一个公司，都是一个小社会，充满了利益纷争。不可避免的是，有的人为了一己私利，阻挡能人上位。面对庸官当道，该怎么办呢？

一个不争的事实是，物以类聚，人以群分。"庸官"当道，所用之人，也必定是庸俗之人。这样一来，能人就失去了崭露头角的机会。为此，老板要坚决把"庸官"赶下台，把能人、良臣选配到适合他们发挥才能的岗位，避免出现"治掉一个庸人，进来一个庸人"的怪圈。

（1）撤掉"不干事"、"乱干事"的人。

任何一家公司都不需要害群之马，对那些指望在工作岗位上混日子的人，甚至那些想以权谋私的中层，老板要动真格，给予撤职或开除，把有才能、想干事的人提上来。

（2）压一压拖延、懈怠的风气。

工作效率低下、办事拖拉、不负责任，是许多公司普遍存在的工作方式。这种现象如果始终得不到解决，那么拖延、推诿、散漫就会成为一种定势，能人上台之后也会被同化，成为庸才，这是公司老板最大的悲哀。

【能人定律】　　"治庸"不是目的，要害在于通过"治庸"，把"庸人"变成能人，把能人变成能将，让能将变成能帅，从而让整个团队实现高效运作。

7. 把能人放在正确的位置上

周年茂是长江集团元老周千和的儿子。周年茂还在学生时代时，李嘉诚就把他当作长江未来的专业人士培养，并派他们父子一起去英国学习法律。

学成回港后，周年茂顺理成章地进入长江集团。李嘉诚发现他做事干脆，口才很好，指定他为长实公司的代言人。

1983年，回港两年的周年茂被选为长江董事。1985年，父子二人一起荣升为董事副老板。当时，周年茂才30岁。

虽然看起来像一位文弱书生，周年茂却颇有大将风范，指挥若定，调度有方，临危不乱，该进该弃，都能够把握好分寸，收放自如，这一点正是李嘉诚最放心的。周年茂升任副老板，顶替移居在加拿大的盛颂声，负责长江的地产发展。

周年茂走马上任后，负责具体策划，落实了茶果岭丽港、蓝田汇景花园。鸭利洲、海信半岛等大型住宅屋村的发展规划，顺利实施了李嘉诚的计划，从而以自己的能力赢得了李嘉诚的信任。李嘉诚将更大的重任托付于他。

李嘉诚善于识人，又能够把人才放在适当的位置上，这是他的高明之处，也是他管理好下属的一个良方。许多老板常感叹手下无人可用，其实是没有把人放在正确的位置上。

【能人定律】　　为了发展事业，老板大多求贤若渴。但是，有了"贤"，还要会用"贤"，让对方的能力最大限度地发挥出来，而不是把他安排在一个错误的位置上，埋没其才干。

8. 能者上，平者让，庸者下

按照能力大小使用人才，是小公司必须坚持的一个原则。具体来说，要把握好三点：能者上，平者让，庸者下。

（1）能者上。

让能人上位，给他们更大的权力，在岗位上作出贡献。比如，技术能手一定要负责公司整体的技术创新工作。

（2）平者让。

能力一般的人，要主动让出关键岗位，给能力强的人腾地方。可以让前者负责一般的事务，按部就班地做事就可以了。

（3）庸者下。

　　根本没有能力的人不但不能担任要职,而且连一般的岗位也不能让其负责。因为,碌碌之辈缺乏必要的责任心,会造成损失,让公司失去发展的机会。

　　【能人定律】　　老板要畅通干部进出渠道,真正体现"能者上、平者让,庸者下"。同时,还要坚持干部年轻化的原则,加大对能人的选拔任用力度。

9. 才尽其用的两个关键

　　让能人的才华得到发挥,实现"才尽其用",关键是做好两个方面的工作:职业分析和因岗选人。

　　(1) 职业分析。

　　即对每一个职业所需要的能力的种类、分类、气质进行鉴别,并做出明确的规定。人事心理学认为,无论哪一项工作,不仅需要有与之相适应的一般智力水平,还需要与该工作性质相符合的语言能力、想象能力和判断能力等。职业分析的目的在于确定每一项工作需要能力的种类与水平,以及相应的性格和气质,以作因事择人的依据。

　　(2) 因岗选人。

　　即在职业分析或岗位分析的基础上,制定各岗位人员的选聘标准,并以此挑选合适的人才。选聘标准包括个人品质、专业水平、文化程度、性格、能力、经验、年龄、健康等方面。不同的岗位采取不同的任用形式,选任、委任、聘任或考任,从而选择出所需人员,以满足工作需要。

【能人定律】　　把握好职业的特色，准确判断岗位胜任条件，在此基础上选用能人，是老板制胜的关键。

10. 人得其位，位得其人

许多老板总是抱怨身边的能人太少，恨不得每个员工都变成能杀能闯的"猛将"。坦率地说，这种想法是不切实际的。不妨换个思路，让每个人各得其位，就会别有洞天。

一位人力资源专家说过："只要你能很好地掌握每个人的特点，并把他们放到最能发挥其作用的位置上，你的公司就会变成人尽其才，物尽其用，团结一致的公司。"这就是"人得其位，位得其人"的秘诀。

（1）掌握部下的特点、能力、性格。

每个公司就好像一个小分队，是由各色各样的人组成的，他们都有自己的看家本领。老板用人的拿手本领就是，做到对部下的特点、能力、性格了如指掌，做到适才适所，使内在的潜力得到充分的发挥。唯有如此，你的公司才可能高人一筹。

（2）让员工负起责任。

在用人上，基本的原则是让员工诚实、肯干、能吃苦。即使把一个才华横溢的人放在一个很好的位置，由于他敷衍了事，粗枝大叶，也不能结出累累硕果。

【能人定律】　　真正做到"人得其位、位得其人"，必须对部下深刻了解，明察秋毫，不能凭自己的认识来盲目做出安排。

11. 用能人而非成为能人

约翰·亚当斯是美国历史上的第二任总统，为美国的独立立下过汗马功劳。当他接替华盛顿就任总统时，面对的是美法两国关系破裂、剑拔弩张的局面。大战一触即发，亚当斯深知自己没有军事才能，于是决定请华盛顿出山。

但是，这一想法遭到了亲信的集体反对。他们认为，如果华盛顿复出，势必唤起人民对他的崇敬和留恋，这就威胁到亚当斯的地位。亚当斯坚持己见，果断邀请华盛顿再次担任大陆军总司令。万分幸运的是，就在华盛顿率军出征的前夕，亚当斯最终通过外交途径与法国达成了和解，顺利度过了危机。

为了国家利益，亚当斯大胆启用军事才能超群的华盛顿，尽管后者可能会对自己的地位产生威胁，这种豁达与远见令人钦佩。不过，我们似乎应该从亚当斯的话中体会到背后的深意："真正出色的领导，绝非事必躬亲，而是知人善任，特别是敢于启用比自己更优秀的能人。如果高层领导者事无巨细，大包大揽，只能成为费力不讨好的勤杂工。"

约翰·亚当斯的故事提醒我们，老板要善用能人，而不是成为能人。掌控全局，让行家里手独当一面，这才是领导工作的要义。

【能人定律】　对能人来说，最幸运的是遇到知人善任的领导，给自己施展才华的舞台。

12. 什么样的人都敢用

在用人上，没有固定的标准。对于老板而言，只要能给企业创造利润，即便一些能人有性格方面的缺陷，只要把握好分寸也能用。

(1) 刻薄易怒的人。

发怒意味着恐吓，强迫别人屈服、让步、听说、认输和俯首帖耳，对付他的秘诀就是不要害怕。

(2) 猜忌多疑的人。

遇事留神、猜忌多疑的人认为，别人随时都会攻击、伤害他。对待这样的人不要急于表白自己，要提供可靠的信息和有力的证据，这样会无形之中提高你的威信，消除他的疑心。

(3) 悲观失望的人。

将他放在流水线的末尾，在这种地方，悲观主义者可以成为良好的监督者，即使不出现问题，他也会鸡蛋里挑骨头，要是确实存在差错，他也会比别人更能把差错找出来。

(4) 争强好胜的人。

对待他们，应该一方面从正面引导他们，发挥其积极的一面，促进公司人力资源的有效利用。另一方面找准机会，指出其消极影响，克服自身缺陷。

(5) 对待奉承拍马的人。

马屁精如果有朝一日掌权时，又会培植出更多的小人，最后公司就会成为工作效率低下，业务陷于瘫痪的境地，因此，领导一定要杜绝奉承拍马的现象发生，加强自身修养，提高自身素质。

【能人定律】 在用人过程中,老板一定要掌握各类能人的不同特征,不要无任何理由地警惕别人、怀疑别人;分析问题要多从坏的方面去考虑,设想各种可能出现的复杂情况。

13. 用人高手要经常自省

有的老板谈到用人的时候,总是得意洋洋地掰着手指说:我公司有多少位高级工程师,多少位硕士,多少位博士。

在这里,他没弄清楚一个问题:你招聘了多少能人,并不等于这些人都得到了充分的运用。要想把用人这件事干得漂亮,一定要想清楚两个问题。

(1) 是否能够做到用人之所长?

才干越高的人,其缺点也往往越显著。作为一把手,老板如果仅能见人之短而不见人之长,因而刻意避其所短而非着眼于展其所长,那么这本身就是失职。

(2) 能人的期望是否得到了满足?

能人本事大,渴望做更多的事来证明自己的价值。一旦岗位工作无法施展个人本领,他们就会出现壮志难酬的慨叹。对此,老板要有所体察。

【能人定律】 用人没有固定的套路可循,老板要想成为使用能人的高手,必须在实践中修炼,在自省中体悟。

第五章
多琢磨事，少琢磨人：
倾注信任才会有能人追随

能人毛病多，容易恃才傲物，有时甚至爱自作主张。所以，公司对能人应当多一点宽容、理解和信任。日常工作中，老板要多琢磨事，少琢磨人，要引导能人多干实事、多干正事，少搞猜疑。

1. 猜忌必将影响大业

惠普公司的创始人戴维·帕尔德曾说过："从公司成立之初直到现在，我对惠普的员工寄予了极大的信任。我希望他们在与他人打交道时坦率、诚实，而且，我相信他们愿意承担起责任。"

这番谈话，来自于帕尔德的切身体会。20 世纪 30 年代末，他在通用电气公司工作。那家公司热衷于保护好工具和零件箱，以确保雇员不会偷走任何东西。面对这种明显的不信任，许多雇员只要有可能就顺手拿走工具或零件；结果公司反而丢失了更多的物品。

后来，戴维·帕尔德创立惠普公司以后，就特别注意真诚对待员工。不把员工当贼防着，员工便不是贼；而把员工当贼防着，员工便会真的做出贼的勾当来。结果，惠普丢失东西的情况很少。

客观地说，用人者与被用者之间存在猜忌心理是很正常的，也是无法绝对避免的。关键是，老板要把握好分寸。要知道，猜忌是一条毒蛇，它会吞噬人们的信任心，让人们所有的努力全部付之东流。

【能人定律】　任用人的关键在于不滥生怀疑。宁可选择人的时候艰难些，也不能轻易任用而不信任。

2. 疑人不用、用人不疑

任用能人的一个重要原则就是：如果放手让他们去干，就不要对他们表示出怀疑的态度，如果你要怀疑，那你干脆就不要起用他们。

以前的人做生意，东家与掌柜的最高合作境界就是：东家要"疑人不用，用人不疑"，而掌柜要"受人之托，忠人之事"。

晋商曹家，有一年投资了七万两白银，在沈阳开设了富生峻钱庄。但掌柜经营了几年，不仅没有为东家赚到钱，反而把东家的本银也赔了进去。曹家听了掌柜的全面汇报，明白了亏损的原因并不是因为掌柜不能恪尽职守，也不是能力不足，而是一些意外的因素所致。

因此，曹家不仅没有责怪掌柜，还马上给了他第二笔资金，让掌柜继续经营。但几年过去之后，还是亏得一塌糊涂。这位掌柜觉得很内疚，便提出辞职。可曹家还是很信任他，又拿出第三笔本钱，并鼓励这位掌柜不要灰心，放心去做。

掌柜回到沈阳后，重整旗鼓，在总结前两次失败教训的基础上调整了经营策略，没几年，富生峻钱庄不仅赚回了前两次亏赔的钱，还获得了巨额赢利。掌柜又利用这些赢利，利用当地盛产高粱的优势，为东家在四平开办了富盛泉、富盛成、富盛长、富盛义四家酿酒商号，富生峻钱庄也成为了沈阳金融界的大户。

就算生意做亏了，只要不是人为失职或能力不足造成的，东家不但不加以责怪，反而会安慰掌柜，鼓励他来年扭亏为盈。这就是晋商使用能人的智慧。

【能人定律】 有的是怀疑能人的才华，有的是怀疑能人的忠诚。前者会越俎代庖，不能充分发挥能人的作用，让能人得不到锻炼；后者则会因为疑神疑鬼，使得老板与下属最终反目成仇。

3. 比信任子女更信任部下

陈弼臣称雄泰国金融界，担任盘谷银行董事长20余年。在这段期间里，他物色并使用了一大批有才干的经营人才和研究技术人才，还专门成立研究及计划部，为自己的经营决策提供帮助，而对自己的亲人却采取限制约束的政策。

他认为，家庭式的企业富不过三代，必然要走向衰落，其原因是父辈创业后对别人不信任，任人唯亲，而后辈不思进取，只图坐享其成，缺乏奋斗精神和领导企业的才干。

1993年，陈弼臣辞去执行董事会主席一职，当时外界推测该职位一定非其儿子陈有汉莫属。可陈弼臣跟大家开了一个玩笑，他把如此重要的职位交给了 1980 年才加入盘谷银行的林日光博士。陈弼臣对记者说："我支持林日光博士出任执行董事会主席，因为才干比什么都重要。我需要有才干、可信任的人来接我的接力棒。"

把大权交给下属，送与外人，在别人看来是糊涂，而这恰恰是陈弼臣的精明之处。因为他知道只有这样做，企业才能不停歇地蒸蒸日上。那些宁肯让企业一步步走向衰落，也要把权力控制在自己家人手里的人，才是最大的糊涂虫。

【能人定律】　许多老板唯权是抓，连买办公用品这样的小事也要亲自过问，对员工的能力和忠诚缺乏必要的信任，这会严重挫伤大家的积极性，无法人尽其能。

4. 对能人多一点宽容

企业中精英云集，能人辈出，不啻为企业之福，老板之幸。如何用好能人，管理好能人，让能人为企业创造高效益，就成为管理者迫切而亟待掌握的一门领导艺术。

能人毛病多，容易恃才傲物，有时甚至爱自作主张。所以对待能人，应当更多一点宽容、理解和信任。

（1）不对能人求全责备。能人有本事，这就是他们的优点。老板不能要求能人在其他方面也十全十美，否则会让彼此的预期产生矛盾，徒增烦恼。

（2）允许能人犯小错。人没有不犯错的时候，能人也是人，也会出现纰漏。对此，老板要多点宽容，掌握"人至察则无徒"的要义。

【能人定律】 宽容，是一种爱的力量，是领导者对下属的信任、理解与支持。能人追随一个宽容大度的老板，是其最大的福音。

5. 经常表达对下属的信赖

老板的信赖，对能人来说是最大的支持。表示信赖的方式灵活巧妙，现概括如下：

(1) 在大庭广众之下，有意制造最隆重的氛围，将最困难、最光荣的重要工作任务交给能人，使他觉得这是上级对他的最大信任。

(2) 能人发生工作失误，特意向上级解释时，打断他的汇报，并让他别有压力，暗示他继续大胆干，不要为此而背上思想包袱。

(3) 在能人屡遭挫折，工作进展不畅时，绝不因此而抹煞他过去的功绩，怀疑对方的才能，草率地中途换将，而是继续提供支持和帮助。

(4) 听工作汇报时，应根据具体情况，有选择地听听能人完成任务的经过。这样做，可以使对方展示自我的心理得到满足，从而情绪饱满地投入下一项工作。

(5) 适时暗示自己"知道"对方在某一阶段做了哪些工作，取得了哪些成绩，从而让能人感到领导对他是了解的、信赖的。

(6) 在听到别人对能人的不公正非议时，当即旗帜鲜明地予以驳斥，并且一如既往使用能人。

(7) 在制订计划以及执行、检查、总结等管理过程中，老板应尽量安排能人"参与"这些活动，让他们充分发表自己的意见。

(8) 在时间许可的情况下，老板应设法请能人谈谈自己的知识、建议和工作上的打算, 通过虚心学习, 使对方感到上级对他的信赖和尊重。

(9) 抽空找能人"随便聊聊", 在闲聊中间, 应有意识地表示理解对方的工作动机和所做所为。这种在日常接触中建立起来的信赖, 让双方关系更亲密、更自然、更牢固。

(10) 对于从竞争对手那里来的能人贤士, 经过考察了解, 只要他确实德才兼备, 哪怕他过去和自己曾有过私仇, 也应该不计前嫌。

【能人定律】 对能人多一些信任, 不但老板会少许多烦恼, 也会让对方增添做事的动力, 提升其对公司的忠诚度。

6. 言必信, 行必果

言必信, 行必果。言必信, 就是说一定要讲信用, 不食言, 不说空话、大话。如果一个老板对下属不讲信用, 盲目空头允诺, 久而久之, 必然搞乱大家的情绪, 降低团队效率。

因此, 把团队关系简单化的一个重要原则, 就是老板说到做到, 提升公司的威信。具体来说, 要把握下面几点:

(1) 说话一定要承担责任, 说话算数;

(2) 对做不到的事情, 话不要说绝, 应保留余地;

(3) 对下级、同级要诚实、坦率;

(4) 对比较有把握的事情, 也不要说绝。

【能人定律】 在充满信任、关系简单的环境里, 能人会专心岗位工作, 发挥才干, 作出业绩。

7. 别乱开空头支票

乱开空头支票，用文雅一点的话来说，就叫"轻诺寡信"，即很轻易答应别人的要求，实际上却无法做到。

从理论上来说，"轻诺"必然是"寡信"的。身为老板，手中当然握有一定的权力，但谁的权力也不是至高无上的，老板本身也受着种种制约，很多事情都不是一个人能说了算的。

轻易对别人许诺，说明你根本就没考虑所办一件事情可能遇到的种种困难。困难一来，你就只会干瞪眼，给人留下"不守信用"的印象，许诺越多，问题就越多。所以，没有把握的事情，还是不说为妙。

【能人定律】　老板说的每一句话，都会影响到员工的判断。因此，别乱开空头支票，目的是不扰乱人心。

8. 领导者要有大将风度

汉昭帝时，燕王刘旦和大臣对司马大将军霍光很嫉恨，两人勾结起来以燕王名义写信密告："霍光在离开京城时，军官们动用了天子的礼仪。他还擅自调动军官，专权放纵，可见他有不轨之心。"

信送到汉昭帝手中后，迟迟未作处理。后来，霍光听说了这件事，非常担心。上朝时，他待在书画室里，不敢上殿参拜。

汉昭帝立即召见霍光："我知道那份奏书内容有假，将军是无罪的。将军调动军官还不到 10 天，燕王离此地很远怎么会知道呢？"听了汉昭帝的对此事的看法，霍光十分感动，从此更加忠心为朝廷做事。

用人是一门大学问，使用能人更有许多策略需要掌握。想让更多能人追随自己，老板首先要有大将风度，在心胸、胆略等方面令人信服、钦佩。很难想象，一个整天疑神疑鬼的老板能聚集一批为他死心塌地卖命的人。

【能人定律】　用人不疑，疑人也用，是充分表现领导者大将风度的重要机会，有时也是成就大业的关键所在。

9. 团队关系越简单越好

《第五代管理》作者查尔斯·萨维奇认为："怀疑和不信任是公司真正的成本之源，它们不是生产成本，却会影响生产成本；它们不是科研成本，却会阻止科研的进步；它们不是营销成本，却会使市场开拓成本大大增加。"

对任何一家公司来说，组织成员之间的信任会"和气生财"，带动组织健康发展。许多时候，公司遇到的最大难题其实并不在于外在的环境，而在于内部的氛围——员工与员工之间、员工与老板之间应该是"心心相印"，而不是疑神疑鬼。

信任他人，不仅能有效地激励人，更重要的是能塑造人，在人与人相互信任的氛围中，彼此无忧无虑，无牵无挂，思维空前放松与活跃，可以尽情发挥自己的聪明才智，创造更高的业绩。

【能人定律】　那些钩心斗角的公司，所有问题其实都出在老板身上。老板信任人，就会有信任的风气，而不会让整个队伍乱了秩序。

10. 用诚意换取能人的真心

要做到放手让下属干正事，首要的是领导自己要少对下属犯琢磨，要克服自己的疑忌心理，真正给能人以施展才华的舞台。

齐桓公是个胸有大志的君主，想要成为天下诸侯的霸主，于是他向管仲请教一个关于君主的哪些品质有害霸业的问题。

对此，管仲这样回答："不能知人，害霸也；知而不能任，害霸也；任而不能信，害霸也；既信而又使小人参之，害霸也。"

失去了信任，管理就成了无源之水、无本之木。没有哪一个老板希望员工背叛公司，但是员工的忠诚是用信任打造出来的。只有"真心"才能换来诚心，这"真心"就是老板对员工的信任。信任你的团队，信任你的员工，是成功用人的第一步。

【能人定律】 老板对于下属要信而不疑，对其有疑就不要任用，一旦任用了就要放手让他干事，要有坚定的用人信心。

11. 信任到底，委以全权

美国微软公司创始人比尔·盖茨的用人原则是"用而不疑"，对心腹之人更是如此。这也是他能有日后成就的重要原因。

一般说来，在商品竞争激烈的情况下，发明者对技术都是守口如瓶，视为珍宝的。但是，比尔·盖茨却十分坦率地将秘密技术传授给有培养前途的下属。当时，有人这样提醒他："把这么重要的秘密技术都捅出去，当心砸了自己的饭碗。"

比尔·盖茨却满不在乎，他有自己的用人之道："用人的关键在于信赖，这种事无关紧要，如果对同僚处处设防、半心半意，反而会损害事业的发展。"

曹操在赤壁之战中大败而回，其中一个重要原因就是他犯了用而又疑的错误。曹军中多北方士兵，不习水战，他雇用了荆州降军中的蔡瑁、张允为水军首领。周瑜巧妙地运用曹操对蔡、张二人的怀疑心理，结果蔡、张二人被杀。曹操在水战中失去得力助手，终于遭受火攻而败。

要得心应手地用人，要使下属信任你，甘愿做你的心腹之人，就必须信任到底，委以全权，使下属尽量施展才能。这是每一位老板必须牢记的一点。

【能人定律】 老板一旦将下属当作心腹，就要真正做到推心置腹，充分信任，大胆放权，绝不干预。

12. 出了问题要对事不对人

工作就是解决问题，因此出了问题尽力化解即可，而不必对犯错的人斩尽杀绝，不给其丝毫的退路。

由于种种意想不到的原因，下属没有将任务完成好，或出现失误时，老板一定不要大惊小怪，或怀疑下属没有尽力去做。失误了只要正确对待，帮助他认真总结经验教训，下属必然会产生有负领导重托的想法和将功补过的决心，他势必在今后的工作中更用心、更卖力。

如果一出现失误，老板就对受挫的下属一味指责、埋怨、批评、训斥，不给其丝毫的温暖和善意的帮助，就会冷了下属的心，甚至会激化演变为敌对情绪和叛逆心理。

因此，出了问题要对事不对人，是老板要秉承的用人之道。只有信任下属，才能赢得下属的心，使他们成为自己的心腹；领导只有信任下属，才能强化他做你的心腹的信心和决心。

【能人定律】 出了一点问题就大呼小叫，进而随便怀疑部下的老板，十之八九要失败。

13. "中伤"考验领导智慧

战国时，魏文侯任用武将乐羊攻打邻国中山国。而乐羊的儿子乐舒，却是中山国国君姬窟亲信的近臣。因此，大臣们纷纷议论，认为乐羊会袒护他的儿子乐舒，不会尽心尽力去攻打中山国。

睿智的魏文侯请来乐羊面谈，开诚相见，疑窦顿消，立即拜乐羊为帅。乐羊接受攻打中山国的命令后，为争取城中百姓，曾几个月围而不攻。于是猜疑、攻击乐羊的奏书纷至沓来。然而魏文侯不但没有撤换乐羊，反而不断派员慰问前线将士。

最后，乐羊打败了中山国，凯旋归来。为此，魏文侯为乐羊召开了庆功会，会后赏赐乐羊一个箱子，乐羊心想必定是国君赏赐的黄金美玉，谁知打开一看，里面装的不是金银财宝，而是大量非议、中伤自己的奏折密信。乐羊深为魏文侯的信任而感激不尽。

这个故事提醒老板，切忌轻信闲言碎语。应清楚地看到，世上有爱才、荐才之士，也有妒才、诬才之徒。公司里，那些说短道长，走东串西，到处拨弄是非，爱打小报告的人始终存在。面对"中伤"某个员工的言辞，老板要审慎对待，不可被蒙蔽，在用人上犯大错。

【能人定律】 许多能人不是败于竞争对手，而是被"中伤"摧毁。

第六章 权力下放，无为而治：老板要管头管脚，但不能从头管到脚

老板的最高境界是"无为而治"，驱动能人去做事。当然，放权时要把握好一个"度"：放权过轻，达不到充分调动下属的目的，压制了下属的积极性，不利于下属尽职尽责；放权过重，就会令大权旁落，出现难以收拾的局面。因此，主要权力不能放，事关大局的权力不能放。

1. 老板为什么总是穷忙

很多老板常常把目光放在琐碎的事务上，并直接指挥经理级以下的员工去做事。这是越忙越不出业绩的根本原因。

　　老板忙于琐碎事务，结果反而没效率和效益，这是自我定位上出现了偏差。那么，其中的原因是什么呢？概括起来，有如下三点：

　　（1）战略制定、组织建设是虚的，而实际经营则是实的，老板没把握好二者的尺度。

　　（2）公司发展步履艰难，困难重重，导致老板没有精力顾及长远问题。

　　（3）没有优秀的中层、没有有效的制度、没有远景目标、没有战略方向，导致老板只能自己做中层、自己管理中层以下的员工、自己做摸着石头过河的事情了。

　　【能人定律】　　老板瞎忙，员工没事做，这是骨干人才无法脱颖而出的重要原因。

2. 只做自己应该做的事

　　当公司规模不大的时候，老板可以顾及一些琐事。但当规模上来了，组织结构复杂了，老板就需要在关键问题上下工夫，做好自己该做的事。

　　（1）定战略和方向，大老板责无旁贷。战略清晰了，公司才会有方向感，扮演好舵手的角色，是老板的职责之一。

　　（2）搭班子。即使有好的战略，没有合格的人去有效地执行，也是枉然。所以，选择能力强，善于管理的人员作为高层管理班子，也是非常重要的。

　　通常，方向定好，班子搭好后，对方向的掌控方面，大老板应有清晰的头脑，所以有时深入细节，甚至做一些琐碎的事，也并非不可。但必须把握好度，应该以掌握情况，检查工作是否偏离方向为目的，切不可陷入其中。

【能人定律】　　老板做好分内的事，而不去干涉部下，能人就有了表现的机会。

3. 大权独揽，小权分散

公司越是发展，业务越是复杂，老板越要看到自己在整体组织运行中的支持作用，而不是替代作用。这就要求老板处理好权力分散与集中的关系。

（1）层级幅度合理原则

老板在权力分配时，应该根据自己的能力等因素全面考虑，确立适度的层级与合理的幅度，以实施有效的领导和管理。

（2）掌握适当超脱原则

超脱指的是从具体工作中脱出身来，给自己多留一些休闲和思考的时间，让自己显得轻松一些和自由一些。掌握适当超脱的艺术，每位老板则能张弛有序地做好管理工作。

（3）权力责任平衡原则

这里所指的是老板要权责匹配，即有多大的权，就要负多大的责。对于被授权的人，一定要敢于行使权力，同时又要承担相应的责任与义务。

（4）根据实际变通原则

权力分配的基本方式不过数种，但相辅相成，变化万端。身为老板应灵活变通，当用则用，当变则变，或因时而用，或因事而变。

【能人定律】　　"大权独揽，小权分散"，能人会获得施展才能的机会，这是公司实现良性发展的关键。

4. "无为而治"的三个关键

所谓"无为而治"，其实是"貌似无为，实则有为"、"眼下无为，长远有为"的一种为政策略。这种"无为"包括三个方面。

(1) 尽量让下属发挥自己的聪明才智，老板应尽量少施行命令或指示；

(2) 给下属自由的思考和休息的时间，不要实行使下属负担过重的政策；

(3) 给下属充足的发挥空间，对下属的各种活动尽量避免介入或干涉。

对老板来说，企业规模还比较小的时候，领导工作可能是事无巨细，都要亲历亲为。但是当企业的业务规模不断变大后，管理者就不能一竿子插到底，否则，公司的中层起不来，老板和员工都会觉得累。

【能人定律】 做到大事"有为'，小事"无为'，能人就会人尽其才而无所抱怨。

5. 让有能力的人拥有权力

在论述兵法取胜之道时，孙子说过这样一句话："将能而君不御者胜。"意思是，将帅有才能而国君又不加以牵制的，就会取得胜利。这句话实际上包含着深刻的授权思想。

权力，如果运用得当，能够组织好生产，就会效益倍增。关键是，掌控权力的人一定要有能力，懂得带领众人创造更大的绩效。

　　丰田公司为了加强新产品的开发,设置了"首席工程师"这一职位,并授予充分的权力。首席工程师除有权决定新型号汽车的设计外,还负责全盘考虑新车的市场前景,统筹生产各个环节,选择零部件供应商,洽谈销售业务,对于可能影响未来车型的各种问题,及时加以解决,使产品适销对路。

　　自实施首席工程师制度以来,丰田公司的新车型从概念变为商品只需不到四年时间,而美国则要五年多,德国更需七年之久。

　　让有能力的人拥有权力,其实是让能人把自己的成功经验复制,最后靠团队的力量获取更大的成功。这是授权的出发点,也是授权的价值所在。

　　【能人定律】　　分配下属任务后,就必须同时给他们相应的权力,没有权力,就是巧妇难为无米之炊。在授权后,就不要牵制他们,使他们各司其职,这样才能使企业兴旺发达起来。

6. 貌似无为,实则有为

　　老子认为,无为,然后能无不为;无为,然后能有作为。所谓"无为而治",其实是貌似无为,实则有为,眼下无为,长远有为的一种为政策略。

　　那么,如何做好"有为"与"无为"呢?

　　(1) 老板只需在事情的开始阶段表现出"有为"来

　　实践证明,老板无须事必躬亲,而只需要在开始时表示一个态度就可以了。这种表态可以叫"拍板",也可叫"决策",算是"有为"的举动。老板仅在工程之始参加的"奠基仪式"、"开工动员"等也属于这类性质。

　　一个人的精力是有限的。你不可能什么都想得到而又什么都不想失去。你必须学会选择,学会放弃。这就要"有所为,有所不为"。

（2）老板只需在事情的中间环节上表现出"有为"来

此时的"有为"，是为了引导、完善群众运动，促使高潮的到来。而当高潮形成后，他应当奔向新的目标，在新的领域开始自己的"有为"。

因此，"无为"并不是说老板对一切都不管，而是要老板在必要的时候留心下属的动向。口出怨言或者发牢骚、自叹倒霉的老板并不称职。

【能人定律】　　恰当而有效的交替使用"有为"和"无为"两种工作方法，是老板选用能人、善用贤能的统御之道。

7. 授权的三个组成部分

如何解决老板工作任务多、工作时间少的矛盾呢？行之有效的办法是授权。能不能分清和正确处理大事与小事、有无勇气大胆授权，是老板工作有无成效或者成效大小的关键所在。那么，授权应分哪几个部分呢？

（1）要确定授权对象

如果你想要你的授权"高效多产"，其成员必须要经过精挑细选，被选中的员工应具备以下素质：有职业道德，善于灵活机智地完成任务，有自我开创能力及集体合作精神。

（2）要明确授权内容

老板向员工授权，必须明确哪些权力可以下授，哪些权力不能下授。老板的权力保留多少，要根据不同任务的性质、不同环境和形势以及不同的员工而定。

（3）要选择合适的授权方式

这需要老板针对具体的员工、工作内容、时机等因素，确定合理的授权方式。通常，方式得当，能最大限度地保证授权取得良好的效果。

【能人定律】 "议大事、懂全局、管本行"，这是老板在工作中应该遵循的一条原则。

8. 选准授权的对象

授权授错了人，很可能会误事和坏事。根据管理经验，老板可以将权力适度授予以下几种人：

(1) 忠实执行自己命令的人。

(2) 做老板的代办人。

(3) 知道自己权限的人。

(4) 向老板报告自己解决问题的人。

(5) 勇于承担责任的人。

(6) 不是事事请示的人。

(7) 经常请求上级指示的人。

(8) 提供情报给老板的人。

(9) 老板不在时能负起留守之责的人。

(10) 准备随时回答老板提问的人。

(11) 致力于消除老板误解的人。

(12) 向老板提出问题的人。

【能人定律】 权不可不授，却也不可乱授。找对合适的人才，才能达到授权的目的，提升整体的运营效率和效益。

9. 把握好授权的尺度

作为一个企业的决策者，老板不可能事必躬亲，也不必事事操心。学会适度放权，把握好授权的尺度是关键。

(1) 在可能范围内尽量将工作交付给下属去执行；

(2) 老板对下属可能犯错要有心理准备；

(3) 授权后要强调下属的工作成效，不计较其执行手段；

(4) 老板切忌重复授权；

(5) 鼎力支持被授权者所制定的措施，并为其承担必要的责任；

(6) 在授权后，老板要对被授权者的工作进行必要的跟踪指导；

(7) 不要将多人共同履行的工作交给一位下属去履行；

(8) 应由简而繁，循序渐进地授权；

(9) 当被授权者发生疑难时，老板应当帮他寻找解决方法；

(10) 不要将授权范围限定在执行命令上，应将它扩大到创造性的工作上；

(11) 老板不能姑息被授权者在未做妥工作之前将工作掷回。

【能人定律】　把握好授权的尺度，科学合理地调动员工的积极性，激发员工的创造力，才是真正的制胜之道。

10. 授权遵循的六大原则

老板授权应遵守一定的原则，按一定的科学程序进行，在作出决定的时候，对一些是非标准应该做到胸有成竹。

（1）合理授权原则。坚持这一原则，要求老板向其员工授权要做到适当，不要过分。

（2）量力授权原则。向员工授权，应当视自己的权力范围和员工的承受能力而定。

（3）带责授权原则。老板授权给员工，还要把责任留给自己。

（4）信用授权原则。信任是授权、用权的关键。老板不信任的授权，等于没有授权。

（5）授中有控原则。授权不是把权力放下去就不管了，授权应是可控制的。

（6）宽容失败原则。真正的授权，不能怕员工失败，要有承受失败的准备。

【能人定律】　老板在授权的同时，必须进行有效的指导和控制。授权时重点应放在要完成的工作内容上，无须告诉员工完成任务的方法或细节，这可由下属自己来发挥。

11. 让下属贯彻好老板的意图

（1）事先想到任何可能出现的不测。缺乏预见能力，对失败的因素估计不充分，常常导致授权失败。对此，老板要把可能遇到的不测考虑充分，想好应对的方法。

（2）向关键的下属征求意见。先向下属征求意见，听听他们的看法，并吸取一下大家的经验和思想。最后，老板再宣布自己的意图。这样，老板就能期望下属全力支持最后的决策，并竭力执行好任务，而下属不敢有推脱的理由。

(3) 选择适当的时机宣布重大决定。选择好时机，会让部下有充分的精神准备和时间安排，否则会让大家措手不及。最主要的一点是，不要对更下一级的员工宣布计划和命令，这样会使你的下属为难和被动。

(4) 要让下属充分了解全局。由于缺乏沟通而造成的错误往往比故意不服从造成的错误还要严重。只有让下属了解全局，才能很好地贯彻你的决定。

(5) 鼓励下属以变应变。鼓励下属对当前的形势做出自己的评价，当出现错误或者有什么意外事件发生时，要及时重新制订适应新情况的计划。

【能人定律】　　下属充分理解了老板的意图，才会有出色的执行。

12. 授权后如何追踪

(1) 要强调结果，而不要过多地关注过程。

疑人不用，用人不疑。要放手让员工挑大梁，要让他勇于决策，而不是指手画脚。

(2) 坚定不移地支持员工的威信。

首先，授权应公开进行。如果授权未能公开进行，导致相关人群不知道他的权力范围，势必影响其工作的开展。其次是在有人不支持他的工作时，毫不犹豫地为其扫除障碍。

(3) 要帮助员工解决问题。

当员工在工作中遇到困难时，在施加压力使之不要放弃的同时，应尽力帮助他找到解决问题的办法。要当一个坚定不移的支持者，而不是教练。

(4) 要事先协调。

如果两个人或更多人负责的工作要授权给某一个人，则必须事先协调好，否则会激化矛盾，产生阻力。

(5) 要防止权力被滥用，要建立反馈和控制机制。

权力导致腐败，绝对的权力导致绝对腐败。对授权者应在制度框架下进行约束和监督。

(6) 奖罚分明，以充分刺激其积极性。

对屡败屡战最终获得胜利的员工，要进行重奖；对有违军令和不受军令者，重罚。对把任务当球踢的员工绝不姑息；否则你将丧失威信，你的团队将彻底丧失战斗力。

【能人定律】 授权是提高工作效率和技能的重要途径，是对员工的信任与支持的体现，是使个人和团队快乐成长的秘诀。

13. 下级越权的三种情况

让能人拥有必要的权力，是发挥其才华的需要。不过，在权力下放的时候，要防止发生"下级越权"的情况。通常，下属的越权有三种情况：

(1) 无意越权。

由于职责范围不甚明了，或是口头交代得清楚，但在具体做事时却糊涂了，出现了有意、无意的越权。这种情况虽然没有主观上的故意，但是有客观上的失职。

(2) 故意越权。

有的下属对领导有成见，或是为了显示个人才能而不正当地越权。这种情况，是明知其不可为而为之，是顶风作案的表现，情节恶劣。

（3）被迫越权。

在非常情况下的越权，比如遇到危机被迫采取临时措施，结果产生了越权行为。通常，这样的行为多少还是可以原谅的。

【能人定律】　　老板要根据不同的越权情况，采取不同的防止下属越权的方法。

14. 如何防止下级越权

（1）让下属明确自己的职责范围。

明确职责范围，不能仅停留在制度规定上，而要研究出若干办法，制定实施细则，根据已有的经验，定位、定人、定责、定权。除规定一般决策、指挥、组织、管理等工作的分工外，明确可能出现的紧急问题由谁负责处理。

上下级之间的日常工作，一般权责比较分明，但正职副职的工作，有时不那么泾渭分明，这就需要明确职责范围，各司其职，各负其责。

（2）对下属进行一级管理一级的教育。

下属根据这一原则，要认真地做好本层次的工作，对上级领导负责，执行上级的指示，接受上级的指导和监督，主动地请示汇报工作，积极地创造性地完成上级领导交给的任务。不能见硬就缩，见难就退，见险就躲，也不能固执己见，各行其是。

（3）对下属的越权要作具体分析。

　　有的下级越权,是做了应由上级主管决定的事,但那是与他有较强的事业心、责任感,敢于承担责任等优点相联系的。这种越权的精神反倒显得可贵。

　　对于那种出自正当动机而越权的下级,应该又表扬又批评,先表扬后批评,肯定其积极性,指出越权的危害。

　　【能人定律】　　下属越权,不仅扰乱了团队的正常运作,也是对老板权威的挑战。

15. 关键时刻老板要拍板

　　美国总统林肯任职以后,有一次和六个幕僚在一起开会,提出了一个非常重要的法案。在征询大家意见的过程中,出现了看法不统一的情况,于是大家围坐在一起热烈地争论起来。客观地说,每个人的意见听起来都有道理,但是林肯还是认为自己的见解更周全,也就是说,他认为自己是正确的。

　　到了最后决策的关头,林肯坚持按照自己的意见决策,但是遭到了六个幕僚的一致反对。尽管如此,林肯还是不妥协:"虽然你们都表示反对,但是我仍然宣布法案通过了。"林肯这种做法从表面上看忽视了大多数人的意见,是一种独断专行的行为。其实,林肯之所以这么做是有周密考量的。

　　首先,林肯仔细研究了六个人的意见,发现他们都存在着纰漏,而只有自己的方案最合理。其次,他认为领导人在作出决策的时候不仅要善于发扬民主的作风,还要在关键时刻坚持正确的意见,哪怕它得到少数人的拥护。就这样,林肯坚持己见,力排众议,在关键时刻作出了正确的选择。

老板下放权力，发挥每个人的潜能，是必要的。但是，在重大决策的关键时刻，老板必须果断拍板，充当起当家人的角色，不能优柔寡断，贻误时机。

【能人定律】　老板不能对能人大撒把，而要充当起掌舵人的角色，给大家指明航向。

16. 学会防止"反授权"

老板在授权过程中以及授权以后，都应该注意防止"反授权"。

所谓反授权，就是指下级把自己所拥有的责任和权利反授给上级，即把自己职权范围的工作问题、矛盾推给上级，"授权"上级为自己工作。

这样，便使理应授权的上级领导反被下级牵着鼻子走，处理一些本应由下级处理的问题，使上级领导在某种程度和某些方面上"沦落"为下级的下级。

出现"反授权"的现象，大概有下面几种情形：

(1) 老板不善于授权，缺乏授权的经验和气度。

(2) 老板对下属不够信任，非得亲自动手心里才踏实。

(3) 少数老板官僚主义严重，喜欢揽权，使得下属不得不事事向其请示汇报。

(4) 老板对"反授权"来者不拒。

(5) 某些下属不求有功，但求无过。

(6) 下属缺乏应有的自信心和必要的工作能力。

(7) 下属思想素质差，只求谋官，不想干事。

【能人定律】 　　身为老板，必须注意防止"反授权"，才能成为一名成功的老板。否则，被下属牵着鼻子走，这种领导就太不专业了。

第七章
防人有术，治人有招：
别让能人跳出你的手掌心

老板选择有才能但心机重重的人，无异于在身边埋下了一颗定时炸弹。这样的人一旦与公司对着干，或者"身在曹营心在汉"，那么他的能力发挥得越好，对公司的危害就越大。所以，精明的老板不会把公司的要害掌握在一个人手里。在下放权力、用人以信的同时，必须对能人保持必要的约束和控制。

1. 首先看人品，其次看能力

真正有能力的人，学历低、资格不足的人，只要人品过关、勤奋努力，总会冒出头来。反之，一个人学问再大、能力再强，如果喜欢说假话、斤斤计较，那么对他自己的成长、对企业发展都是有百害而无一利的。

　　大老板要认识到，在招聘和提拔员工时必须首先把人品放在第一位，因为如果人品上有问题，一个人能力越大，他给公司造成的损失就越大。

　　（1）人品胜于能力

　　人品就像一艘船的舵，而能力就是它的马达，马达决定船行的快慢，舵却控制着船行方向。你只有开足马力，并沿着正确的航线前行，才能更好更快地到达目的地。比如，在客户关系上，出卖企业信息的人，则会让竞争对手了解企业的商业情报，在谈判、营销、竞争上处于不利地位。

　　（2）用错人比没有人用更可怕

　　一位企业家说得好："用错人和没有人用，哪一种情形更可怕？没有人可用，会造成人员的欠缺，影响工作的进行，相当可怕；用错了人，把工作的过程弄错，结果一团糟，甚至留下一大堆后遗症，更加可怕。"

　　【能人定律】　　有才有德者重用，有才无德者量才适用，无才有德者顺其自然，自食其力，无才无德者坚决不用。

2. 杯酒释兵权的智慧

　　当年，宋太祖即位以后，手握重兵的两个节度起兵反对朝廷，后来经过艰苦的斗争才平定下来。这件事给宋太祖很大警示，他找到宰相赵普商量对策。赵普说："藩镇权力太大，就会使国家混乱。如果把兵权集中到朝廷，天下就会太平无事了。"宋太祖深以为是，于是决定削弱地方的兵权。

　　过了几天，宋太祖在宫里举行宴会，石守信、王审琦等几位老将都来了。大家喝过酒，开始无话不谈。宋太祖示意身边的太监退出去，然后和大家干了一杯酒，接着说："没有大家的帮助，我就不会有今天的地位。但是你们可能想象不到，做皇帝也有许多苦衷啊，有时候还不如你们自在。说实话，我好久没有睡过安稳觉了。"

大家听了知道里面隐含着内情，就问其中的缘由。宋太祖仍旧不露声色："人们都说高处不胜寒，我站在很高的位置上已经感觉到寒意了。"石守信等人知道宋太祖担心有人篡夺他的皇位，非常害怕，于是站起来跪倒在地上："现在天下已经安定了，没有人对陛下三心二意啊！"

宋太祖摇摇头说："你们和我南征北战，我自然信得过。但是如果你们的部下为了攫取高位，把黄袍披在你们身上，会出现什么情况呢？"石守信等人听到这里意识到大祸临头，连忙害怕地求饶："我们愚蠢，没有过多考虑，请陛下给指条明路吧。"接着，宋太祖让他们做地方官，添置足够的房产安度晚年，最终消除了大家的兵权。

【能人定律】　　与能人发生矛盾的时候，不必采取你死我活的斗争，找到双方都接受的方案，或者让对方知难而退，是化解的大智慧。

3. 必要的时候放他一马

历史上，宋太宗是一个心胸开阔的人，他能够容忍大臣的一些过失，所以实现了有效的国家治理。

当时，孔守正被封为殿前虞侯。有一次，他和大臣王荣陪伴皇上喝酒。两个人喝得大醉，就当着宋太宗的面争论秋季守卫边境的功劳，结果完全失去了君臣的礼仪。这种"大不敬"的做法，应该被治罪，但是宋太宗置之不理。

第二天，孔守正和王荣清醒过来，听别人说起自己在皇帝面前的失礼行为，吓得出了一身冷汗。于是两个人一起到金殿上向宋太宗请罪，但是宋太宗若无其事地说："我当时也喝多了，有许多事情根本记不起来了，你们不用在这里打扰我了。"就这样，宋太宗放了两位大臣一马，真正做到了大事化小、小事化无。

领导在下属面前是要讲究威严的，特别是对皇帝来说，大臣的一点小毛病或冒犯都会招来罪过，更不要说在酒宴上胡作非为了。宋太宗故意装糊涂，免除了下属的过失，让对方心怀感激，显示了他统御下属的高超本领。

【能人定律】　　能人没有不犯错的时候，能人身上也有缺点招来麻烦，老板不必事事睚眦必报，放人一马是收放自如的治人妙招。

4. 双管齐下，识别奸人

善于透过现象看出事物本质，善于判断，窥破奸计，一双慧眼，洞察入微，才能真正识别人才，做出公允的判断。了解、识别奸人的办法很多，重要的是以假制假，双管齐下。这里有七种常用的方法：

(1) 通过拨弄是非挑拨离间来了解其立场；

(2) 追根究底地进行追问以了解其应变、答辩能力；

(3) 通过询问计谋来了解其学识；

(4) 告诉其危难情况和灾祸来了解胆量和勇气；

(5) 用酒灌醉后来了解其修养

(6) 给予其得到财物的机会以观察其是否廉洁；

(7) 嘱托其办事以观察其是否守信用。即识别人要从各个角度进行。

生活中，"交往"与"识别人"往往同时进行。在交往中，我们可以设置种种情境，让对方在其中表演，这样我们就能窥探出他的真实意图。一般来说，"路遥知马力，日久见人心"，只要我们做个有心人，就能识别那些奸诈之人，维护自己的正当利益。

【能人定律】　　对那些奸诈之人，往往事先并不知道。所以，与人打交道的时候，要学会警惕三分，学会采取不同的方法考察和识别对方。

5. 警惕能人跳槽带来的损失

能人因能力出众，实为职场精锐，因此最易"琵琶别抱"。为保险起见，一些企业领导者宁肯用那些能力一般但更为稳定的员工，而对于易另择高枝的能人反而心生顾虑。

2003 年 3 月，北大方正高层变动，周险峰率一干技术骨干"集体请辞"事件。结果，周险峰前脚刚迈出方正，后脚就有海信高薪延揽。

谈及离职的原因，周"能人"说："我感谢和尊重方正。但作为一个职业经理人，需要对自己的发展有一个独立的判断，我个人更愿意做一些具体的运营工作。这就是我离开方正的原因，完全是个人的选择。"

这篇言辞铿锵的"独立宣言"，可能令业界众多能人心生共鸣，但也可能令他们的东家——各大公司老板心生恐惧：一不小心，自己的手下干将就可能展翅飞走，另谋高就去了！

能人跳槽，不仅给公司造成直接损失，还可能引发更严重的人事地震，对更多员工造成情绪波动。对此，老板要安排好应对之策。

【能人定律】　　在很大程度上，能人是在不断跳槽中开阔眼界、历练才干的。对老板来说，当能人无法挽留的时候，要竭力把能人跳槽的负面作用降到最低。

6. 能人也有失败的时候

能人并非百变金刚，在工作岗位上，他们大多数情况下会成功，但也可能有失败的时候。对此，老板要有心理准备，想好应对之策。

1999年5月，几乎创造了中国惠普神话的李汉生，从副总裁的位置空降方正。从外企到国企，李汉生先后担任方正集团副总裁、方正电子总裁，被业内誉为"中国IT第一空降兵"。

出乎意料，这次李汉生并没有像人们所期待的那样，替方正打造起方正数码这样的上市公司，让方正在自己手里过好"管理关"。相反，方正在李汉生的领导下败走麦城，企业神话一度被打破。

2002年8月，李汉生从方正数码公司总裁的位置上离开。短短三年时间，"第一空降兵"折戟沉沙，已经没有了往日的辉煌。

李汉生的偶一失手可能是不幸运，但是能让各企业公司明白一个道理：能人即使如李汉生般长于管理，能征善战，也有失败的时候。

【能人定律】　能人没有什么奇特的地方，失败是对能人的提醒，更是对能人的训练。

7. 警惕"一山二虎斗"

"一山难容二虎"，说的是在一个地盘上两个都有本事的人很难有默契合作的机会。能人多了，就会出现如何相处的问题。

（1）老板要学会掌控能人。

在中国，能人最让人猜不透。许多时候，他们也知道英雄惜英雄，但更多时候却是能人相轻，只斗争不合作。小老板，无疑是能人，并且作为公司最高领导人会这么认为：整个公司只需要一个世界，一个梦想，一个声音，一个领袖。而能人有着自己的见解与主张，不容易被小老板掌控，反而容易吸引追随者，然后另立山头。

（2）防止业务能手窝里斗。

公司里的业务能手多了，势必会产生竞争。良性的竞争对公司发展来说，是好事。但是，如果大家钩心斗角，暗里算计，那么最后倒霉的就是老板了。因此，防止窝里斗，不让整个团队产生内耗，是小公司老板要面对的重要问题。

【能人定律】 能人多的地方容易搞斗争，能人相争两败俱伤，中国式能人的一个信条就是一山不容二虎。

8. 别让能人成为定时炸弹

能人本事大，是小公司老板期望的。不过，发挥能人的本领，为公司创造更多价值，还有一个前提，那就是能人必须心态好、认同老板。否则，能人对公司来说就是威力，巨大的"定时炸弹"，会产生强大的破坏力。

对此，不妨从下面三个方面入手，分析能人心态不好的原因，再设计好应对策略，达到掌控能人的目的。

（1）骄傲自大——激发能人的英雄主义气概。

有的能人瞧不起上司、同事，觉得大家都不如自己，怀有一种"天下舍我其谁"的优越感。对这种有本事，却也骄傲自大的能人，老板要支持他、肯定他，激发他的英雄主义气概。

(2) 自卑情结——对能人表示"惺惺相惜"。

能人自视本领高超，但是骨子里隐藏着很深的自卑情结，有时候连他自己都没察觉。这时候，他最需要的是别人看得起他，尤其是他看重的人。因此，老板必须表现出"惺惺相惜"的态度，能人有了"人生得一知己足矣"的慨叹，自然为公司"两肋插刀"。

(3) 天生叛逆——趁早炒鱿鱼。

有的能人天生叛逆，虽然有本事，却不肯屈服于任何人的领导之下，更不要说专心做事了。面对这种能人，老板如果感觉自己修炼还没到家，还没有十足的把握将其搞定，那就趁早把对方炒了鱿鱼，免得让他破坏了公司氛围。

【能人定律】　　老板要扮演如来佛的角色，让能人扮演孙悟空的角色，将后者掌控好。否则，能人就会成为一颗定时炸弹，搞得公司鸡犬不宁。

9. 提防能人自立门户

很多小老板不是不渴求能人，也不是没主动追求过能人，只是结果都让人很伤心。那么，这背后有哪些难言之隐呢？

(1) 能人不甘屈居人后，时刻挑战老板的地位。

刚创业的时候，小老板没有什么财力，根本养不起能人。当费尽千辛万苦把公司做好，稍微有了一点规模的时候，好不容易招了个能人却招来了灾祸——老板权威被挑战，地位受到冲击。

（2）能人善于潜伏，伺机自立门户。

在职业经理人制度尚未健全的背景下，如果能人以赚钱为唯一目的，那么就会对公司造成致命伤害。在一些能人眼里，成大事可以不择手段，他们暂时屈居小老板，行的是潜伏之计，目的是有朝一日创业。一旦时机成熟，他们会自立门户，甚至带走一批客户，带走"叛军"。

【能人定律】 能人有很强的单挑能力，也有很远大的梦想，他们宁为鸡头不为凤尾，对老板来说是一种潜在的威胁。

10. 管治能人稳、准、狠

能人一旦犯了规矩，老板绝不能姑息手软，管治之道就是：稳、准、狠。打得准，打得绝，才能给对方留下深刻印象，达到惩罚的目的。

（1）第一要稳

采取强硬手段惩罚能人，有时要冒很大风险。这主要在于，被惩罚者通常有良好的人际关系，掌握着关键技术。拿这样的人开刀，就要慎重行事，在动手之前首先应想到后果，能够拿出应付一切情况发生的可行办法。

（2）第二要准

批评、惩罚都要直接干脆，直指其弱点，直刺痛处，争取一针见血。如果偏了方向，不但达不到目的，还容易被员工抓住把柄，降低领导权威。

（3）第三要狠

一旦认谁时机，下定决心，便要出手利落，坚决果断，毫不容情。切忌犹疑不定，反复无常，拖沓推诿。这样做，也是在向众人显示，老板的做法是完全正确、适宜的。

【能人定律】　　老板在惩罚能人时也是迫不得已，但一旦作出决定，就不能心慈手软。拖泥带水，只会降低自己的威信，容易导致下属的放任自流，无法形成严明的纪律。

11. 怎样惩罚有过错的能人

（1）首次惩罚要慎重

首次惩罚作为第一印象对人们今后的情绪、工作都会有较大的影响。通常，首次惩罚要个别进行，不宜公开点名；只要错误不太严重，处分宜轻不宜重；语言宜温和，不宜尖刻。

（2）公正合理

老板要有公而忘私的觉悟、罚不避亲的胸怀，这样才能在惩罚能人的时候让人信服。此外，对能人在独立探索中出现的失误或失败，能不罚就不罚。

（3）准备无误

对能人作出惩罚决定之前，老板必须以负责的态度，弄清被惩罚的错误事实、原因、结果，甚至每一个细节。切忌道听途说，也不能攻其一点、不及其余。

（4）从关心爱护出发

惩罚能人的目的是为了纠正错误，因此一定要坚持"惩前毖后，治病救人"的方针，一切从关心爱护的意愿出发。

（5）惩罚不宜过多

有必要的时候，才实施惩罚，达到预期目的。否则，过多惩罚能人，会引起对方芥蒂，甚至逼走能人，那就不划算了。

【能人定律】　　惩罚是一种有效的管理手段，却是很难运用的一种领导艺术。尤其是惩罚能人的时候，老板要运用得当，掌握好分寸。

12. 拒绝能人的非分要求

在小公司老板的眼里，能人是宝贝，因为他在某种程度上决定着公司的生死。这份倚重，让能人产生许多错觉，也会生出许多非分要求。对此，老板必须懂得说"不"。

（1）频繁提出加薪或升职

能人大用，给他们提薪或升职，是很正常的。但是，如果对方频繁提出这些要求，特别是当公司预算紧缩、生意清淡的时候，老板就要毫不犹豫地或"不"。

（2）用人之际不能批准能人休假

如果能人休假在计划之内，而公司恰巧这段时间业务繁忙，离不开能人的帮助，老板不妨直接提出条件，给对方延期休假，或给予额外的补偿。

（3）下属要求改变上下班时间

照顾子女、交通问题以及其他事情常常给下属带来困难。如果公司确实无法配合能人要求改变上下班的时间，关键就是怎么说"不"了。具体处理时要尽可能灵活，探讨各种可能的办法，这样即使无法满足对方的要求，也会让他知道你的努力。

【能人定律】　　关心和重视下属绝对没错，但并不等于对下属的要求百依百顺，还要善于果断说"不"。回绝别人的确很不容易，但有时却不得不为之。

第八章
培养提拔，委以重任：忠臣良将自己造

当重要岗位、关键职务出现空缺时，如何从内部选拔良将，是老板需要考虑的头等大事。适时适度地提拔一些有能力的员工，不仅有利于公司长远发展，还可以利用这些被提拔的员工，借以了解其他员工的思想状况，并据此有的放矢地管理好整个团队。

1. 提拔员工的两个好处

提拔出能人，更重要的是被提拔的人会对老板产生某种依赖、感激，进而对组织产生深深的认同感。

(1) "提拔"赢得员工回报

老板提拔有能力的员工，对方自然心存感激，忠心耿耿。一旦公司遇到困难，他们会主动伸出手协助老板渡过难关。而在万事俱备，只欠东风的时候，他们往往能给予有力协助，起到模范带头的作用。

（2）被提拔的员工更能引导基层员工做事

被提拔的员工来自于基层，因此比老板更容易接近其他员工，而且他们之间的关系也比较密切。因此，当老板发布命令的时候，被提拔的员工一带头，大家也许就跟着一起干了。

【能人定律】　适时适度地提拔一些有能力的员工，不仅有利于公司发展，还可以利用这些被提拔的员工，借以了解其他员工的思想状况，并据此有的放矢地做好员工的工作。

2. 提拔能人需注重三种才干

一个团队的最高领导者不可能事必躬亲，因此，选拔任用各级各类管理能人，是一桩必不可少而又至关重要的事务。在选用管理人员时，首先必须重视、考察其是否具备管理者的基本才干，具体包括技术才干、人事才干和综理全局的才干。

（1）技术才干

熟练掌握某种专门的技术，包括一系列方法、程序、工艺和技术等的专门活动。越是低层的管理者，技术才干越重要。这种技术才干一般是通过各种学校培训出来的。

（2）人事才干

人事才干是指处理好人与人之间合作共事关系的一种能力。对不同阶层的下属，"人事才干"有不同的侧重点：基层管理人员主要能让员工协调一致地工作；中层管理人员则能承上启下；高级管理人员应当具有对人事关系的高度敏感性和洞察力。

(3) 综理全局的才干

这种把团队作为一个整体来管理的才干，包括了解团队中各种职能的相互关系，懂得一个组织内部的变化将如何影响其他各个部门，进而能看清团队与行业、社会，乃至整个国家的政治、经济力量之间的相互关系。这是成功决策的必备条件。

【能人定律】 综理全局的才干是高层管理人员最重要的才干，它主宰着团队的命运。

3. 好部属的五个特征

(1) 敬岗爱业。

尽心尽力地把所做的事做好，干一行、爱一行，精一行，这就是敬业。一个人无论有多大本事，都必须恪守职责，扎实、勤恳地做好本职工作，这是职业道德的基本原则。

(2) 支持上司。

恰到好处地帮助老板做好各项工作，成为组织最需要的人。这样的员工扮演了左右手的角色，因而深受欢迎。

(3) 有上进心。

成为能力出众的人，必须不断地学习新的知识，书本上的知识要学，实践中的知识更要学。拥有一颗上进心，工作才能更上一层楼，事业才能有发展。

(4) 头脑灵活。

不停留在现有的成绩上，勇于冲破各种陈规陋习的束缚，敢于开创前人不曾想过的业绩，不断更新、丰富、完善原有的技术和本领，这是成为能人的基本要求。

（5）自我管理。

好员工在本职岗位上工作出色并能独当一面，无须让人操太多心。他们善于自我管理，总能让人为之惊叹。

【能人定律】 本事大，是能人最显著的特征。但是，光考虑本事还不行，能人必须满足好部属的基本条件才能得到提拔重用。

4. 能人必须经历时间考验

不论员工本事多么大，才华多么高，要成为一名主管级别的人员，必须具有相当的时间和经验。

（1）充分锻炼各项才能。

长时间的磨砺，能够培养员工协调沟通各类人际关系的熟练技巧，以及处理应付各种复杂问题的能力。

（2）提升曝光率和认可度。

让有潜质的员工到基层任职锻炼，指派他们完成团队最为艰巨的任务，充分展示其才能，可以让员工有相当程度的曝光，提高员工的威信和知名度。

（3）让其他人心服口服。

如果一个人在公司资历很浅就被快速晋升，那么很容易招致大家的嫉妒、不满，乃至心理失衡，这种风气甚至会蔓延到整个团队。

【能人定律】　　提拔优秀员工应把握机会，有个过渡阶段更好。特别是要把握住破格提拔的"度"，不要由一个极端走向另一个极端。

5. 升迁过快会产生副作用

论资排辈选拔干将，只能压制人才。但是，老板随意打破常规提拔员工，或者升迁的速度太快，也会产生很多弊端。

（1）无从考察业绩。考察能人的德、能、勤、绩，应以业绩为主。如果升迁太快，便无从下手。

（2）不利于员工成长。有的员工因升迁太快，没有足够积累知识和经验的时间，也缺少认同度，不利于他们成长。

（3）给工作带来危害。升迁过快，来不及掌握、积累工作经验就频繁调换岗位，员工的劳动技能、事业心、责任心都无法培养，会严重危害工作。

（4）助长职务上的攀比之风。有心当官、无心干事，在一个台阶上还没有站稳，就想"挪挪窝"，这样的人根本无心干好工作。

【能人定律】　　升迁太快，对工作、对本人都没好处。对年轻的干部要有适当的过渡培养阶段，不要破坏逐级晋升的人事管理原则。

6. 用人不能单凭个人喜好

老板提拔人才，都会有自己的判断，会掺杂个人喜好。关键是，必须把能力的考察、业绩的比较放在第一位。

(1) 根据工作业绩决定提拔与否。

什么是提拔依据呢？最重要的是务必要根据员工工作成绩的好坏，其余条件都是次要的。工作业绩，是员工能力的展示，因此可以用来预测他将来的表现。

(2) 切忌把员工的个性作为提拔标准。

提拔不是利用员工的个性，而是为发挥员工的才能。老板看重员工个性，不能站在大局考虑问题，不但无法堵众人之口，而且会损害公司的长远发展。

【能人定律】　　提拔人才的时候跟着感觉走，被员工的表现蒙蔽，以致失去了判断力。这样做不但是用人的失误，对员工也是一种伤害。

7. 慎重使用"空降兵"

一个公司需要新鲜血液，但是老板如果不注意从内部挖掘能人，而频繁使用"空降兵"，会给公司持续健康发展带来伤害。

(1) "空降兵"无法安心工作，创造业绩。

频繁使用"空降兵"，会因流动的增多而牺牲了公司可能增长的机会。这还会造成对方的工作目标不在于公司业绩，而是在自己的履历表上添加好的资历以显示自己的能力，使另一个老板认为他很能干而聘用他。

(2) "空降兵"对内部员工带来压力，甚至是打击。

从外部聘请管理人员对内部员工而言是一种打击。对受人尊敬的职位，丰厚的报酬的期望是员工努力工作的动力之一，而从外部聘请则粉碎了内部员工的期望，导致员工心理的不平衡，产生一种被剥夺感，导致其积极性降低。

【能人定律】　　一些公司高薪引进高水平的能人，寄希望依靠一两个人救公司于水火之中，但是他们要么任而不信，要么大搞"休克疗法"，结果引发激烈对抗，短暂"蜜月"之后，双方只好又分道扬镳，甚至诉诸公堂。

8. "本部制造"的人才更好用

"本部制造"是指通过内部晋升、工作调换、工作轮换、人才重聘等方法，从公司内部选拔出合适的能人，补充到空缺或新增的岗位上去。

老板需要更多独当一面的能人，但是他们不会从天而降，"本部制造"是最现实、最可靠的选择。这种人才培养方法有下列优点：

(1) 可信性高。

由于对本部员工有较充分的了解，使得内部员工的全面了解更加可靠，提高了人事决策的成功率。

(2) 激励性更佳。

从激励方面来分析，"本部制造"能够提供员工发展机会，强化他们的工作效率，也增强了员工对组织的责任感。

(3) 费用率低。

"本部制造"可以节约高昂费用，如广告费、招聘人员和应聘人员的差旅费等，同时还可以省去一些不必要的培训，减少了间接损失。

(4) 适应能力强。

从运作模式看，现有的员工更了解本组织的运作模式，与从'外部引进"的新员工相比，他们能更好地适应新工作。

【能人定律】　许多公司都特别注重人才的"本部制造"，尤其是企业的高级管理人才。

9. 从内部培养人的弊端

尽管"本部制造"有很多优势，但是其弱点也是明显的，容易被"点穴"，主要表现有以下几个方面：

（1）可能造成内部矛盾。

"本部制造"需要竞争，而竞争的结果是失败者占多数。竞争失败的员工可能会心灰意懒，士气低下，不利于组织的内部团结。

（2）容易造成"近亲繁殖"。

同一组织内的员工有相同的文化背景，可能产生"团队思维"现象，抑制个体创新。尤其是当组织内重要职位由基层员工提拔，进而僵化思维意识，不利于组织的长期发展。

（3）失去选聘外部优秀人才的机会。

通常，外部优秀人才是比较多的，一味寻求"本部制造"，降低了外部"新鲜血液"进入本组织的机会，表面上节约了成本，实际上是对机会成本的巨大浪费。

（4）内部人胜任的成本更高。

除非有很好的发展或培训计划，内部晋升者不会在短期内达到对他们预期的要求。因此，内部发展计划的成本比雇佣外部直接适合需要的人才要高。

【能人定律】　　凡事有利就有弊，老板要妥善化解从内部选拔能人的弊端。

第九章
赏罚有道，功过分明：
恩威并施是最有效的御人手段

管制能人最有效的手腕，莫过于恩威并施、刚柔相加，也就是所谓的"胡萝卜加大棒"的政策。一方面对能人示好、施与恩惠，另一方面显示威权、给予惩戒，两者并举，很容易把对方治理得服服帖帖。

1. 治理企业要赏罚并用

中国古代管理思想中有一个重要的原则，即"赏罚并用"——不但重视奖赏与激励的价值，还注意发挥惩戒的功能。通常，重视奖赏而忽视刑罚，会使纪律松弛；而重视刑罚忽视奖赏，会使大家缺乏进取心。所以，有效的管理方式是"赏罚并用"。

20世纪80年代，全世界的管理看日本，日本的管理看丰田。而丰田管理的胜利得益于它务实的目标管理、指标管理。具体来说，公司设计了一套对工作人员的评价体系：只要出现事故，就一定要追究原因，直到找到事故的根源，避免第二次出现事故。对找出问题的人给予奖赏，如果第二次、第三次出现同样的事故，则要接受严惩。

"赏罚并用"的管理细节塑造了举世闻名的"丰田质量管理"，而这种管理原则与现代西方管理心理学的"公平理论"是一致的。美国心理学家亚当斯通过研究，对人的积极性与分配方法做出了如下结论：工资、报酬的合理性和公平性对人们工作的积极性有较大的影响。

"赏罚并用"、"赏罚分明"，本身就是一种合理有效的管理手段，它符合人性的价值认同，因此具有强大的威力。但是在使用的过程中，重要的是运用得巧妙。

（1）把"惩罚"与"奖赏"结合使用，才能达到出色管理、有效统御下属的目的。也就是说，作为一个企业管理者不能以罚代教，在合理必要的"惩罚"外要注意运用激励措施，改变他们对工作的态度，激发他们的工作热情。

（2）"赏罚并用"作为一种有效的统御之道，说到底是惩罚与奖励的艺术。老板需要结合具体的情境、事件、对象综合考虑，组织实施，才能既拉进与下属的距离又保持自己威信的效果，实现恩威并济、推诚致用。

【能人定律】　　既要重视奖赏等有效的激励手段，也要建立严格的奖惩制度，从而做到恩威并重，激发能人的才华。

2. 绝不亏待一起打天下的兄弟

公司刚发展的时候，一般比较艰难。一个老板，几个员工，再加一间小屋，几个人同心协力，白手起家，终于独占鳌头，成就自己的事业大厦。这样的例子在商业史上数不胜数，许多大公司都是由此而来的。

这个时期，大家付出的多，收获的少，特别是在个人利益方面，与那些成熟的大公司或国有企业没法比。所以，对于跟着自己打拼的兄弟，绝不能亏待他们，无论从感情上还是从公司的长远发展来看，一定要善待他们，尽量给他们提供好的工作环境和个人待遇。

（1）多说"跟"，少说"给"。

我们在影视作品中看到，在战斗的关键时刻，国民党的指挥官喊道："是我的兵，给我冲——"，而共产党的指挥官却是喊："同志们，跟我冲——"，别看仅仅是"给"与"跟"一字之差，效果却根本不同。同样的道理，任何一个企业的发展壮大都必然依靠上上下下的共同努力，缺少谁都不好办。

（2）善待跟自己一起闯天下的兄弟。

对现在正与自己一起闯天下的兄弟，一定要善待，要给他们希望，让他们觉得你是一个可以依赖的人，是一个够"哥们"的人。当他们跟你同心同德的时候，你才能真正凝聚人心、发挥人才的潜能，而你的公司才能发展壮大。

【能人定律】　　与人共患难并不是一件困难事，因为危难情况下，共渡难关，同舟共济往往是唯一选择。但关键是危难之后，苦尽甜来，仍能为对方付出感情，不忘回报是为你"打江山"的能人。

3. 给幕后英雄露脸的机会

每个组织都需要一些幕后英雄，他们了解自己的工作，并且不求引人注目而能默默地工作，他们值得信任。

概括起来，幕后英雄有以下几个特点：

(1) 很少旷工，在压力之下仍然工作出色；

(2) 一直按时完成高质量的工作；

(3) 愿意在集体需要时再作一次努力；

(4) 默默无闻，除了出色完成工作外，你本不知道他在哪儿；

(5) 当老板不在时照样很好地工作，令人放心；

(6) 提供的答案多于提出的问题；

(7) 经常改进工作方法，经常帮助别人使之工作得更好。

激励幕后英雄的一种奖励方式是，对他们的工作表现出真诚的兴趣。不仅把他们当做下属，而且视为与你同等的人。听他们讲述自己的希望与担心，喜好与憎恶，欢乐与苦恼，时时准备帮助他们解决问题，在他们产生自我否定心理时，重新唤起他们的自信心。

【能人定律】　　记住：那些幕后英雄永远是你的心腹干将，是你的可靠助手。

4. 别委屈有功劳的老实人

在公司里，有一些人勤勤恳恳地做事，从来不张扬。而另一些人喜欢制造事端、夸夸其谈，却没多大成绩。对此，老板不能让有功劳的老实人受委屈。

（1）不忽视忠诚可靠的老实人。

老板太容易忽视那些忠实可靠的人了，而他们却是一个企业成功的精英。从现在开始寻找这些老实人，鼓励和奖励他们，最容易引导更多的人踏实做事。

（2）经常表彰作出贡献的老实人。

大多数老实人并不在意自己所付出的辛勤劳动，但他们确实在乎自己付出的努力是否得到承认。如果他们努力一番却无人所知，这会使他们感到被人利用，遭受剥削，因而灰心丧气。因此，老板必须经常表彰作出贡献的老实人。

【能人定律】　公司需要真正的能人，也离不开更多踏实肯干的老黄牛。从某种意义上说，后者的价值更大，是公司发展的基石。

5. 奖励能人的九大策略

通常，奖励能人的时候，老板可以采取以下九种策略。

（1）奖励有效率的工作。

　　鼓励简化工作程序，去除不必要的事情；精简领导层次，须知每增设一个机构，无形中就使事情复杂了许多。

　　(2) 奖励一贯表现良好的人。

　　在较长的时间内评价员工，对表现一贯良好的员工给予重奖；奖励为公司长远发展作出积极贡献的员工。

　　(3) 奖励理智的冒险。

　　提示员工要从失败中吸取教训并努力改进；鼓励理智的冒险，而不是愚蠢的行为，其标准是：冒险是否已充分考虑了已知因素和较为科学的依据。

　　(4) 奖励维护工作质量的员工。

　　让每个员工都懂得工作质量的重要性；对每个员工进行质量控制的基础训练，并且从团队高层领导开始；定期公布质量情况，并给予优胜者以奖励。

　　(5) 奖励创造性工作。

　　营造一个有助于进行创造性活动的工作环境，对成功的创新支付必要的研制经费，以竞争促创新。

　　(6) 奖励合作，反对内讧。

　　营造企业内工作相互依赖、团结协作的氛围；确定一个只有相互合作才能达到的共同目标；根据员工或团队做出的业绩和相互帮助的情况给予奖励。

　　(7) 奖励付诸行动的员工。

　　鼓励员工养成动手的习惯，不要空发议论；一旦拿定了主意，就立即行动；鼓励采取行动者，或奖励采取行动的员工。

　　(8) 奖励忠诚，反对背叛。

　　以心换心，以诚换诚；保持信息渠道的公开和透明，以建立相互的信任；奖励对企业忠诚者，给忠诚者更好的职位。

(9) 奖励无名英雄。

谁是最难得的员工，少了他们会怎样？谁在有压力时工作得最好？谁善始善终地按时按质完成任务？在老板不在场时，谁最值得信任？这些都必须考虑清楚。

【能人定律】 能人的本事是具体的，比如一贯表现良好、维护工作质量、付诸行动，等等。对于这些，老板都应该珍惜，并给予奖赏。

6. 有效激励的六大原则

有效激励能人施展才华，为公司卖命，必须掌握六大原则。

(1) 公正原则。

坚持公正原则，就是要求老板不能掺杂任何个人感情，搞亲疏、厚薄关系，而是要坚持秉公办事，公私分明，真正做到奖罚分明。

(2) 严肃性原则。

激励效果的高低，完全取决于老板运用激励的严肃性。这要求老板采取积极而慎重的态度，坚持按业绩大小实行奖励，并选准激励对象，使大家真正口服心服。

(3) 针对性原则。

所谓针对性，即针对激励对象的期望值。员工的期望值越高，越具激发性。老板要准确把握团队成员的个体差异，针对不同需求层次，有效地发挥激励功能，摆脱盲目性。

(4) 有效性原则。

激励的有效性就是看激励的最终目的能否达到。为此，老板要确定适宜的激励标准，选定多样的激励类型，划定激励范围，做好对激励对象的宣传。

(5) 物质奖励和精神奖励相结合原则。

重视物质奖励，能满足员工的物质利益要求；精神奖励则满足员工的高层次的精神需求，两者不可偏废。

(6) 适度性原则。

物质激励要适度、适当，应根据激励对象的业绩大小，根据不同时期、不同内容、不同目的，确定适当的奖励标准，保证奖励"恰如其分"。

【能人定律】 奖赏能人是一门大学问，不仅要让能人满意，也要照顾到其他人的感受，让大家普遍接受。

7. 激励要有分寸有节制

从某种意义上说，激励是一种兴奋剂。既是兴奋剂，就必然带来一些副作用，就不能当糖吃。那么，在进行激励的时候，哪些是"服药须知"呢？

(1) 激励不可任意开先例。

激励固然不可墨守成规，却应该权宜应变，以求制宜。然而，激励最怕任意树立先例，所谓善门难开，恐怕以后大家跟进，招致无以为继，那就悔不当初了。任何人都不可以任意树立先例，这是培养制度化观念，确立守法精神的第一步。求新求变，应该遵守合法程序。

(2) 激励不可一阵风。

许多人喜欢用运动的方式来激励。形成一阵风，吹过就算了。一番热闹光景，转瞬成空。不论什么礼貌运动、清洁运动、以厂为家运动、意见建议运动、品质改善运动，都是形式。而形式化的东西，对中国人来说，最没有效用。

（3）激励不可趁机大张旗鼓。

好不容易拿一些钱出来激励，就要弄得热热闹闹，让大家全都知道，花钱才有代价，这种大张旗鼓的心理，常常造成激励的反效果。

【能人定律】 激励要有分寸，有节制，不要走向极端过了头，反而过犹不及，失去效果。况且，激励仅仅是主管管理下属的一种方法，而不是万灵药，更不会没有任何副作用。

8. 哪些是无效的激励手段

驱动能人做事，不能凭自我感觉或经验。要知道，不掌握必要的技巧，很容易误入激励的陷阱。有时候，会产生激励无效的情况，而其中的原因大概有下面几种情况。

（1）激励不考核，只凭脑发热。

公司管理制度不健全，部门职责权限不清，没有工作标准，难以对大家进行合理的业绩考核。老板拍脑袋发奖金，真正有能力、有业绩的人得不到奖励，必然丧失积极性，让所谓的激励大打折扣。

（2）重物质轻精神，形式太单一。

老板忽视员工的内心需要，在激励时不分层次、不分对象、不分时期，都给予物质激励，形式太单一造成激励的边际效应逐年递减。能人的需求得不到满足，会增加抱怨。

（3）士气低落才激励。

老板有时候专注于处理大事或紧急事务，把激励搁置一边，直到感到士气低落时才想起激励，可已经晚了。这时为激励员工所花费的时间、财力等成本要比原来大得多，效果也不会好。

(4) 轮流坐庄搞平衡。

有的老板评选先进的时候，按照大家轮流坐庄的原则进行，结果年年走过场，水过地皮湿，先进不再带头，激励不再让人动心。

(5) 物质激励过高，产生反作用。

有的公司存在人才高消费的问题，动辄汽车或房子，试图以此留用人才。结果引发员工无止境地追求物质利益，没有靠用人机制让能人有真正的用武之地，最后照样留不住人。

【能人定律】 激励是一门学问，老板务必掌握能人的心理需求、个性特点，真正激发能人的创造力、主动性，让每笔投入都物超所值。

9. 奖励不当就变成了歧视

日本有一家为电器生产配件的公司，凭借技术实力和灵活的机制，一度取得了良好的效益。但是，由于该公司在奖励政策上的不明朗，导致员工相互猜疑，管理人员、技术人员和熟练工人都不断流失。

是什么样的不明朗奖励措施，致使一个公司面临如此严峻的问题呢？原来，这家公司有"三个档次"的员工——"工人"、"在编职工"、"特聘员工"。"工人"是通过正规渠道雇用的生产工人；"在编职工"是与公司签过劳务合同的员工，主要是公司的技术骨干和管理人员；"特聘员工"则是外聘的高级人才，有专职的，也有兼职的。

每当公司签下一大笔订单或卖出一大批配件发放奖金时，"工人"和"在编职工"的奖金是造表公开发放的，而"特聘员工"的奖金则是以红包形式发放的，后者的奖金要比前者高出数倍。

结果，这种奖励措施严重挫伤了员工的积极性。一方面，老板没能公开宣布"特聘员工"的特殊贡献，使得"工人"和"在编职工"认为遭受了不公正的待遇；另一方面，有的"特聘员工"认为没能享受到他们认为足够的奖金，也不满意。

公司费力不讨好，根本原因在于奖励不当，没能公开奖励信息，结果被大家误认为存在着岐视。由此可见，奖励一定要坚持公开、透明的原则。

【能人定律】 有时候，奖励什么不重要，怎么奖赏才是关键。奖励不当，非但不能换来能人的积极性和凝聚力，反而会造成人心涣散。

10. "罚心"，而不是"罚薪"

有赏有罚，是管人的一个基本原则。不过，这个原则必须放到"以人为本"的背景下去实施，才会受到良好的预期。

比如，对能人进行惩罚的时候，必须在无形中改变员工错误的行为，培养他对企业的责任感，使之最终转化为其工作绩效来回报企业。

具体来说，想让"罚薪"坐收其效，最后"罚"到的必是能人的"心"。而这"罚心"则有赖于老板对火候、人心、情境的把握。

此外，"罚心"的关键还在于，老板惩罚能人的时候要让对方在心理上认同这种惩罚，也就是心服口服，这样才不至于引来怨愤和不满。

【能人定律】　　罚是手段而不是目的，老板不能为了惩罚而罚人。注重惩罚的实际效果，是罚人的最终目的。

11. 宁愿让能人犯一些错误

张军是一家礼品公司的经理，有一次承接了一个单子。按照客户的要求提供样品后，对方非常满意。然而，在生产中产品出现了质量瑕疵，迫于临近交货日期的压力，张军没有加以改进就交货了。

结果，客户接到礼品后大为恼火，坚决退货。这件事让公司损失了一大笔钱，张军为此焦头烂额。

能人本事大，往往可以搞定一切；但是，有些事情不是他们能够摆平的，犯错也就难免。对此，老板不必苛求，因为让能人犯一些错误未尝不是一件好事。

（1）挫一挫能人的锐气。

能人恃才傲物，经常目中无人，甚至不把老板放在眼里。以这种心境做事，老板丢面子是小事，如果在工作中导致重大失误，造成巨大损失，那罪过就大了。因此，适当让能人碰壁、犯错，可以帮助他们反思自我，收敛嚣张的气焰。

（2）让能人汲取失败的教训。

犯错、失败固然不好，但是其中隐含了成功的诀窍。如果能掌握这一点，就可以弥补犯错所产生的不利影响，甚至获得更多的好处。这对能人来说是一种帮助和成长的机会。

（3）在试错中走向成功。

公司应该允许能人有失败和再尝试的自由。而一旦害怕失败甚至谴责失败，就会使得员工想创新而不敢试验，有改进生产的方法却不能实施，有为顾客服务的战略计划也不敢提出。给能人试错的机会，是创新、实验的需要。

【能人定律】 让能人犯错是必要的，但是必须有一条界线，绝对不能让他造成的错误危及企业的生存。

12. 惩罚是触动心灵的艺术

日常管理中，老板制定薪酬奖惩制度时，如果想对大家形成强烈的刺激，那么采用惩罚的办法要比奖励的办法更有效。

（1）惩罚是一种负激励。

惩罚是管理者为了达到预期目标，根据既定的标准和要求，对不符合要求，达不到标准的行为与人员的惩治。惩罚的目的，是为了让大家，尤其是被惩罚者从内心得到警醒，是使被惩罚者自我努力的手段，是为了达到期望的负面激励。

（2）将惩罚艺术化

怎样处罚，才能做到既能让员工虚心接受处罚，又能让人心不致涣散呢？答案就是让惩罚直指对方的心灵，通过刺激、触动被惩罚者的心灵来达到消除弊端、改善工作、提高效率的目的。在具体的方式上，可以将惩罚艺术化。

【能人定律】 惩罚，是为了让被惩罚者以及同一组织的人由此加强认识、提高警惕。

13. 如何扭转下属的错误

（1）立即面对问题。

如果主管一直对这班下属的过失不闻不问，下属根本不会觉得自己有问题，到你"秋后算总账"时，他会很难认同你的看法。

（2）提供指导。

下属无能可能出于懒惰，也可能是他有心无力，老板有责任为这些下属提供指导，给他们时间去适应和学习。如果下属有进步时，不要忘记给他支持和鼓励。

（3）避免在盛怒下处理问题。

如果主管大发脾气，很容易把这种气氛传染到其他成员身上，引起其他团队成员的不满，事态只会愈演愈烈；而无能下属为了保护自己，更加不会承认是自己的过错和责任。

（4）证据确凿。

要有明确的事实来支持你的论点，工作数量、品质、时间效率、成本、业绩，都是很好的根据。如果公司一直以这些资料作为评估个人贡献的标准，那么下属就无法狡辩。

（5）明确方向。

不妨将问题"摆上台面"，与下属面谈时要有话直说。说话可以"客气"但要"直接"，让员工有下台的余地，他们才会乐于听取你的意见。

（6）私下解决。

老板当面批评某个犯错的人，其他下属不明个中情况，可能会觉得你辱骂的是整个团队，因而引起众怒，使你成为众人的敌人。尝试与有关下属个别面谈，一同寻找解决方法。

【能人定律】 在任何一个公司中，都不可能杜绝下属的错误。而这种错误常常可以导致整个公司的重大危机甚至走向失败，对能人来说更是如此。

第十章
善用能人，留住能人：妥善处理能人的去留

对于"能人"，不能因为怕出乱子拒绝让其自由驰骋，也不能在对方去意已决的情况下牢牢抓住不放。创造条件用好能人，千方百计留住能人，一旦双方缘分已尽，老板就要成全、祝福对方，给他更大的天地。

1. 满足能人的"虚荣心"

(1) 给能人丰厚、合理的报酬，让他们衣食无忧，全力投身到工作中去。

(2) 给能人及时、中肯的表扬，让他们在团队中获得应有的荣誉感。

(3) 只要表现出色、能力出众，就给能人提升职位和发展空间。

(4) 对特别优秀的能人，树立为典型，发挥榜样的力量，引导更多的

人努力。

(5) 在日常沟通中，老板要放下架子，给予能人应有的尊重。

【能人定律】　　给能人充分的信任与认可，同时让他们感受到工作业绩被肯定的欣喜和愉悦，这是让能人天下归心的关键。

2. 用股份留住能人

在浙江温州，"知本家"转变成"资本家"已不是什么新鲜事。当地的民企华峰集团已有十多位高级技术人员跻身股东行列。

这家公司的设计是，根据员工的实际工作能力和对公司贡献的大小，分别给予不同比例的股份。正是股份把高级技术人员、关键岗位人才与公司的兴衰紧紧拴在了一起，让每个人以百倍的热情回报公司的知遇之恩。

今天，越来越多的公司开始采用持股的方式留住能人，激发他们的主动性和创造性，实现持续快速健康发展。

【能人定律】　　让能人持股，真正把他们变成了公司的主人。有了以公司为家的心态，能人的才华会彻底迸发出来，公司也会有获得稳健发展的人才支持。

3. 如何对待有缺点的能人

许多时候，一个人的优点与缺点往往是相互联系的，它们像一对孪生兄弟，于是"有所长必有所短"。看看身边的人，大事聪明，小事也精明的极少；大事聪明，小事糊涂的好；小事精明，大事糊涂的糟。就看你准备使用人才的哪个方面。

"金无足赤，人无完人"。在一个公司里，不会有十全十美的员工，对能人来说更是如此。那么，面对能人的缺点，老板应该持有怎样的态度呢？

（1）人至察则无徒

能人，一般都是大事不糊涂，而在小事上可能有这样那样的缺点，甚至是"两头冒尖"的人。对此，老板要睁一只眼闭一只眼，把握好"水至清则无鱼，人至察则无徒"的道理。

（2）别把用人闪失当"缺点"

老板用能人，让他们帮助公司开创事业，这种事情本身就带有探索性和风险性，谁敢保证没有一点闪失。因此，偶尔出现用人失误的时候，不能将其当做能人的缺点。

（3）莫把"庸人"当"完人"

有的老板追求"完人"，依据的是"听话"、"顺从"的标准。在老板眼里，这种人几乎"完美无缺"，叫他干啥就干啥，叫他往东他不往西。这种人，与其说是"完人"，不如说是庸人，多是无能之辈。"完人"者，庸人也。如果用这种"完"人，公司发展也就无望了。

【能人定律】　选用人才，一般都是用有缺点的能人。如果求全责备，天下就无人可用了。

4. 千方百计留住关键人物

突然有一天，公司的一位关键人物提出了辞职，没有什么比这更让老板震惊了。谁能代替他？工作如何进行？辞职的原因是什么？

除了有自己的长远发展计划以外，关键人物选择辞职大多出于不被赏识、对薪水不满。对有价值的员工没有给予足够的重视，老板应该感到惭愧！

这时候，老板应该主动与对方进行一次长谈，千方百计留住关键人物。至于谈话的内容，则应从以下几个方面入手。

(1) 对该员工工作的高度评价。

(2) 承诺在职权范围内给予对方额外的津贴。

(3) 公司长期工作所带来的稳定性。

(4) 从一个熟悉的工作环境换到一个陌生环境可能遇到的问题。

【能人定律】　如果老板实在无法挽留住能人，那么就要大度地祝愿对方有更好的发展机会，并对其工作表示感谢。也许有一天，他会成为你生意上的伙伴或贵人。

5. 容易挽留的能人类型

(1) 喜欢安稳的工作环境，不太喜欢频繁地跳槽。

他们喜欢做例行的事务性工作，对薪酬、工作成绩、晋升等没有太高的要求，但是他们特别注意与同事的人际关系，渴望与同事们友好地相处。这类能人的辞职多半是因为家庭原因，或者在工作中受到了委屈。如果辞职的原因是后者，这类能人容易挽留。

（2）思想和行动的独立性都很强，能够坦诚直言。

他们非常重视自己的学习或专业经验的积累，善于钻研本专业的知识，希望自己在行业中有所成就。这类能人辞职主要是因为他们在公司无法发挥自己的才能，或者没有机会得到更大的发展，或者他的上级对他的工作干涉过多。这类能人容易挽留。

（3）情感丰富，同时也比较情绪化。

他们非常注意工作中的和谐、强调工作中的合作关系，比较容易感情用事。这类能人辞职可能是因为在工作中受到了委屈。这类能人容易挽留。

【能人定律】 如果老板能够判断出来哪些能人容易挽留，并有的放矢地进行重点挽留，就可以大大地降低公司的能人流失率。

6. 避免能人离职的尴尬

追随自己多年的部下离职了，任何一个老板都会很郁闷。不过，日子还要过，公司也要继续往下发展，作为当家人必须打起精神，吸取教训。

如果辞职的部下具有的才能无可比拟，他的工作也无人能替，那么老板应该怎么办呢？应该从中吸取哪些教训呢？

（1）不要出现只有某一人掌握某些知识与技能，而没有培训其他人掌握相关知识与技能的情况。你要为他休假、生病或辞职做准备，不要让他把重要的公司经营信息装在脑子里带走，而一定要让他留下书面材料。

（2）要知道公司内没有人是必不可少的，不能出现一个骨干不在场，工作就无法进行的局面。如果不把这个问题想清楚、看明白，那么老板开公司就是一种失败。

（3）在对方离职前对其工作做详细调查。比如，老板坐下来回顾一下他所做的工作，先列出工作重点，再列出次要的东西，最后问清楚关键性的细节。等对方离职后，找个人替换辞职者，并让这个人与你一起工作，一起按现有的文件记录开展工作。

（4）保证每个员工都接受交叉培训，对公司内每个职位的工作都有预备人员。这样可以避免让类似的事件发生。

【能人定律】　　能人留不住的时候，老板要有应对之策，不能被对方牵着鼻子走。

7. 善待骨干，别怕降低身份

广厦集团的董事长楼忠福深谙用人之道。在多年的管理实践中，他时时处处做到以诚相待，挽留精英人才，为发展事业奠定了坚实的基础。

蒋优良原来是一个县级建筑队的经理，懂技术，也能管理，是一个能人。后来，该建筑队调整产业结构，并入了楼忠福所领导的三建公司。

为了打消蒋优良的后顾之忧，楼忠福把公司第一副经理的交椅交给了他，并给予了很大处置权。后来，即便双方有矛盾，楼忠福始终低调行事，善待骨干英才，最终把公司做强做大。

长远的眼光、宽广的胸怀是每一个追求事业有成的人都应该具备的一种素质。因为只有这样，才能凝聚各方精英，在大家的帮助下成就一番事业。

面对公司里的骨干分子，老板要礼贤下士，给对方应有的荣誉感和实实在在的利益。

【能人定律】　老板的态度在很大程度上决定了能人的心态。有对能人的渴求，并在相处中给予应有的尊重，是留住能人的关键。

·

8. 管理精英的五个妙招

（1）接近他们，善于倾听

能人在识别优劣上可能不比普通员工快，但是，一旦他们看出来了，他们说起来是很无情的，老板应当遵循的格言是：不摆架子，要沉得住气，要多听，虚心听。

（2）坚决维护对方的利益

一位优秀的老板应该维护部下的利益，即错误证据不足时要假定他们是好的；尽量多给表场；出了差错，即使责任不完全在自己也由自己承担。

（3）鼓励提出不同意见

如何才能把工作做得更好，能人往往有很多主意。并且，他们往往把新主意与抱怨现状混杂在一起。对此，老板一定要鼓励他们这种行为，从中获取有价值的情报。

（4）该严厉时一定要严厉

大多时候，老板要宽容地对待能人。不过，有时候必须做出一项决定，所投的票不可能全都具有同等份量，这时就应说一不二。

【能人定律】　能人是一个特殊群体，有独特的心理、个性、需求。

老板掌握好他们的这些特点，想好对策，更容易用好人、留住人。

9. 加强沟通，化解抱怨

和老员工相比，新的骨干分子在入职初期最容易产生抱怨。这时候，他们还没有完全融入公司，老板需要通过内部的正式沟通和非正式沟通，让每个人有机会得以宣泄，释放工作、生活、心理上的压力。

（1）找到产生抱怨的原因。

抱怨的产生既有客观的原因，如不良企业文化、职责范围不明、个人才能得不到发挥等因素；也有主观方面的原因，如自我估计过高、情绪的变换、不合理的要求得不到满足等。

（2）别让误会伤害彼此的信任。

因为沟通方式不畅，问题没有及时解决，上下级之间经常会发生误会。如果能人经常误解老板的意思，或者老板曲解能人的行为，那么双方的关系就会越来越糟，终究会有分手的一天。

【能人定律】 能人需要得到老板的赏识和理解，双方达成默契，才会有密切合作的氛围。

10. 掌握能人"变心"的晴雨表

像任何事情发生之前都有征兆一样，能人"跳槽"也有明显的前兆。要抓住能人"跳槽"前的蛛丝马迹，迅速、果断、妥善地处理好公司能人危机，挽留住公司所需能人。

（1）频繁请假。

如果这个人一向遵守纪律，从不轻易请假而现在突然开始频繁请假，恐怕就要考虑此人是否准备跳槽，请假无非是去联系新单位，或做一些应聘准备。

（2）对工作热情明显减少。

观察对方近来情绪的冷热变化和生活习性上的反差。和以往相比，工作劲头和工作效益大打折扣，是一种应付差使，表明他的热情已跑到即将上任的新岗位上了。

（3）开始整理文件和私人物品。

有计划地整理手头的资料，到公司的复印机拷贝某些有用的文件，或者通过打印机打印出电脑里储存的档案。因为这些资料对他日后的职业生涯也许会有所帮助。

（4）和周围人的关系不再像以前那样。

能人在"跳槽"之前，在一段时间内会不时接听私人电话。这些电话大都与联系新的工作有关，谈话的内容别人大都听不见，因为他不想在"跳槽"还未成功前就被公司炒了鱿鱼。

（5）和往常相比仪表特别讲究。

表现在仪表上的能人"跳槽"前兆：他平时打扮上也许是马马虎虎，但突然间变得西装笔挺，并特意改变了发型。诸如此类，说明此人已"身在曹营心在汉"了。

【能人定律】　能人"跳槽"，事前总会露出种种蛛丝马迹，老板应引起警觉，予以重视，争取利用好这个时间差来处理好本公司的能人危机，以便挽留住公司所需能人。

11. 以企业潜力留住能人

全球咨询公司沃森·怀亚特的一份调查报告说："尽管薪金上的竞争非常重要，但是，如果高级职员认为这家公司的经历有助于他们的成长和自我推销，他们会加入这一公司并留下来"。

沃尔玛公司留住人才的关键是：确保有才能的雇员取得的成就被承认，即提供让他们脱颖而出的机会；公司把自己的人力资源哲学从"得到、留住、培养"雇员改为"留住、培养和得到"他们，把重点放在以赋予发展机会去稳定和培养公司现有的人才上，而不是简单地得到或引进人才。

面对能人流失，老板不妨从激励、内部沟通等机制上查找原因，如果公司确实对能人缺乏吸引力，就要大力改革，创造真正留住人才的环境。

【能人定律】　　能人头脑睿智，看重公司未来的发展空间和成长潜力。老板想有一番作为，必须长远规划，给公司找到纵深的发展机会，这是留住能人的一大法宝。

12. 从能人离职中获得反思

老板最需要的是能人，社会上最不缺的也是能人。能人离职后，老板应该痛定思痛，仔细反省一下自己的"所作所为"，避免以后再犯同样的错误。

（1）你是否礼贤下士，招揽人才？当招揽来的杰出人才很快立下了大功，出尽了风头时，你是否心里不平衡。从此后，你是否常常故意找茬、挑剔，直到最后把所有有才能的部下都挤走。

　　(2) 你是否以相应的利益来留住人才？下属之所以留在你的身边，而没有投奔他人，是因为他希望从你这里获得最大的收获，也只有在这种情况下，他们才能最大限度地贡献自己的力量。所以，对于下属一定要给予与他的才能相适应的优待与利益。

　　【能人定律】　　有时候，成功并不重要，成长才最宝贵。在用人上，从来没有一步到位的胜利，老板都是在实践中总结经验教训，逐步把能人聚拢到麾下的。

13. 提防公司能人被挖走

　　美国《财富》双周刊在一次调查中发现，有一半以上的大公司最近失去了大量有才干的人员，甚至有一些公司的人员跳槽率每年竟高达 30%。

　　骨干人才严重流失，会让公司在相关领域的竞争力遭到致命打击。对此，老板应该如何应对呢？背后有着怎样的玄机呢？

　　(1) "猎头公司" 扮演的是什么角色。

　　有一种 "猎头公司"，其任务是根据双方共同协商好的条件为客户公司寻找优异的高级人才。通常这些候选者目前正在别家公司担任同样的职位，而 "猎头公司" 扮演了中间人的角色。

　　(2) 薪水是跳槽的重要原因。

　　到另一家公司上班，获得几倍高的薪水，这是任何一个人无法拒绝的诱惑。留住能人，起码要让其薪水达到市场的平均水平。

　　(3) 重视钱以外的因素。

一家杂志向美国工作环境最佳的100家公司的雇员做了一次"为什么你留在现在的公司"的调查，得到的答案五花八门：有先进的技术、激动人心的工作、在同一公司变换职业的机会、执行有挑战性的海外任务、在公司内部提升的前景、工作时间灵活，等等。显然，老板不能忽视这种对能人富有吸引力的要素。

【能人定律】　许多时候，高级人才挣钱非常容易，在他们眼里钱已经不是第一要素了，他们更看重的是工作环境。

14. 让离任者继续发挥"余热"

（1）做公司的"外脑"。

离任员工具有相当丰富的知识素养和从业经验，他们能够帮助企业紧跟市场潮流，以及抓住宝贵的投资机会。因此，他们也是企业创新和知识更新的重要源泉。

（2）为老板提供决策信息。

投巨资于前任员工身上，由他们向企业提交商业计划，以抢先获取有用的信息和创意，这是许多公司的竞争之道。

（3）扮演市场情报员的角色。

离任员工可以帮助公司掌握市场动向、适应竞争环境以及了解外界对公司的看法等。具体地说就是一方面可以给公司传递市场或同行的信息，提供与别的公司合作的机会；另一方面，可以介绍从现供职机构所取得的经验教训，帮助公司提高管理水平，改进工作方法。

（4）弥补公司人手不足的缺憾。

有的公司在大量用人之际，返聘前任员工为临时工，以解燃眉之急。这种做法，有效避免了老板临时找不到熟手的尴尬，以及聘用生手干不出活的焦虑。

【能人定律】　与那些离开公司的员工始终保持着密切的联系，使他们以不同的方式继续为公司作出贡献，不但能促进公司改善管理方法，还能使其直接为公司创造财富。

第十一章
开发能人，用对能人：
小公司必用的七大能人

不同类别的能人，对不同的小公司有不同的价值。老板开发能人，必须结合本公司的行业特色、岗位需求、发展短板综合考虑。用对能人，公司才会焕发生机，脱胎换骨。

1. 业务型能人

对小公司来说，发展业务，拿下订单，就解决了生存的根本问题。因此，老板不能让业务能人从自己手上溜走。

在一些招聘广告上，经常可以看到这样的内容："不论你是什么行业，不论你是什么学历，不论你是什么年龄；只要你不满足现状，只要你敢于挑战高薪，只要你相信你会成功，那么你就是我们团队苦苦追寻的人才！"

的确，业务能人是不能用年龄、学历等标准衡量的，只能以拉业务的能力来判断。对业务能人，老板要给予优厚的回报，让他们成为公司的顶梁柱。

【能人定律】　业务能人在小公司扮演着重要角色，必须给予物质激励。但是，老板要警惕他们把业务关系拉走，自己另起炉灶。

2. 关系型能人

学会经营关系，就成功了一半。小公司在夹缝中生存，尤其需要妥善处置各种关系，才会有生存、发展的机会。

（1）政府关系。

在政府的影响下，一个公司可以从无到有，不断发展壮大；也可以起死回生，东山再起。因此，老板必须重视有政府关系、能处理政府关系的人。

（2）新闻媒介关系。

新闻媒介可以帮助公司在竞争中脱颖而出，也可能让一个公司轰然倒塌。对那些有新闻媒介关系的能人，老板要奉为座上宾。

（3）金融界关系。

想办法取得金融界的有力支持，获取公司发展所需资金，必须找到有金融关系背景的能人。有这样的人加盟，小公司很容易获得资金支持。

【能人定律】　　　关系就是生产力，关系决定公司成败。在中国这个社会，办好公司必须懂得经营关系，并把有关系有背景的人纳入麾下。

3. 销售型能人

把产品卖出去，公司的生产才有价值，公司创造的商品才能得到回报。因此，顺利完成销售目标的能人，就成了救命稻草。

销售能人有怎样的特点呢？通常，只要他们出面，销售额就直线上升，如果缺少他们，公司几乎经济效益受损，员工的收入也会受影响。

对销售能人，老板要给予合理的薪酬激励，调动他们积极性不断提升业绩。同时，公司要不断培养销售新人，防止老员工离职。

【能人定律】　　　销售能人常以手中拥有的重量级客户而倚权自重，对上级领导不感冒，甚至贪点小财。对此，老板要做到心中有数。

4. 管理型能人

老板需要管理型能人，不仅在于他们能够使梦想变成可以把握的东西，还在于这些人是整个组织的关节点，控制了他们，就可以以点带面，牵一发而动全局，掌握整个组织的行动。

决策确定了以后，关键就是选择干部。为什么选择干部这么重要？原因很简单，他们是组织的骨干，是管理者，是老板与基层员工的连接点。抓住他们，就等于抓住了问题的关键，从而使老板有更多时间和精力去思考战略性的问题。

具体来说，有了管理能人的帮助，老板就能通过划分管理层次和管理幅度来进行分级管理，通过直接控制少数人去间接控制大多数人，确保对整个团队进行掌控。

【能人定律】　　除了管理人，老板还需要管理财、物的能手。管理财、物是一个细致的工作，只有那些心细如发，有条有理的人才能做。

5. 市场型能人

面对激烈的市场竞争，小公司为了发展强大需要一些有市场开拓能力的员工。那么，怎样识别开拓型的人才呢？

(1) 主动性：具有旺盛的求知欲和强烈的好奇心。

(2) 独创性：勇于弃旧图新不墨守成规。

(3) 变通性：联系实际，举一反三，触类旁通。

(4) 独立性：不盲从，不依靠，敢负责任。

(5) 严密性：想象的东西是否可行，还要深思熟虑。

(6) 洞察力：富于直觉，能预见事物发展趋势。

(7) 坚持力：抓住目标，坚持到底，锲而不舍，百折不挠。

(8) 果断力：能从很多提案中决定最佳方案，坚决实施。

(9) 说服力：能说服别人，相信自己的决策是正确的。

【能人定律】　　开拓型的人更有创造力，想法更加丰富，能为公司注入新鲜的血液。老板善于将慧眼金睛注视到开拓型的人身上，必将给公司带来更大的突破。

6. 顾问型能人

在创业之路上，小公司老板找个好的导师，给你入行引路。如果没有合适的人，那么就要找有在其他公司做事经验的人，充当顾问的角色。

创业者仅仅有雄心壮志还不够，必须找到自己的方向才行。尤其是初次创业者，最好有个引路人，这样能最大程度上减少茫然和盲从，让公司从一开始就走得更稳一些。顾问型能人无疑满足了小公司老板的这一需求。

【能人定律】　　进入商界的第一要务是"投师"，这个人不一定年长，但是一定要经验丰富，见过世面，也许他是你的员工。

7. 通才型能人

先生存下来，再求发展，是小公司的竞争策略。为此，整个团队里必须有应对各种不测和危机的通才型能人。

比如，现代公司管理的趋势越来越倾向于专业化和规模化，技术和经营这两种素质已变得越来越重要。对此，小公司老板可以挑选懂专业技术又懂经营之道的精明人士担当重任。

具体来说，可以把这项策略归结为四个原则：

(1) 聘请一位对技术和经营管理都有极深造诣的人士。

(2) 围绕产品市场，超越经营职能，灵活地组织和管理。

(3) 尽可能任用最具头脑的经理人员——既懂技术又善经营。

（4）聘用对专业技术和经营管理都有较深了解的一流职员。

总之，今天的市场竞争不是单方面的较量，而是整体的比拼。小公司虽然规模小，但是在商业竞争中仍然需要能够抵挡各方面压力的通才型能人。

【能人定律】　　通才型能人知识面广博，专业基础扎实，善于出奇制胜、集思广益，有很强的综合、移植与创新能力，能够站在战略高度深谋远虑。当领导者本身不是这类通才时，最适于选拔通才为副职。

第三篇

大公司用人才：
基业长青要靠真正的英才统治

台湾《商业周刊》杂志总裁金惟纯说："大公司老板的最高境界就是：他不在公司时，公司还可以成长。"做到这一点，老板必须慧眼识别人才、合理使用人才、高效管理人才。

老板做未来的事情，经理做现在的事情，员工做过去的事情；未来的事情是战略，现在的事情是管理，过去的事情是操作。老板要面向未来，而不是纠缠过去。这是实施英才统治的关键。

第一章
掌控个性，看人下菜：按性格用人最靠谱

人才都是有个性的，有的人全力以赴，有的人按规矩行事，有的人作风硬派，有的人服务团队……发挥人才的智慧、本事，必须充分考虑他们的个性。

1. 按规矩行事的人

按规矩行事，这种被美国学者称为 ISFJ 型的人，他们具有强烈的责任感与忠诚度，会将服务放在自我之前。由于他们天生具有牺牲精神和可靠性，因此是大公司打造一流人才队伍的基石。

这类人做事情很小心，喜欢一个人安静地工作（I），重视现在，认为全世界是很实际的环境（S），此外，他们会依照实际的情况来处理一些人际关系问题（F），还有就是他们喜欢过井然有序、按部就班的生活（J）。

（1）习惯为他人服务，并认为这种举动是理所当然的事。

（2）无法妥善地处理冲突问题，遇到冲突时往往睁一只眼、闭一只眼。

（3）决定负责某一计划时，会有很大的耐心来完成工作，甚至加班也没关系。

（4）遵循一些既有的条例来做事，容易墨守成规。

（5）总是默默支持与肯定他人，永远忠于自己所属的团体。

（6）无法分辨事情的轻重，习惯提供帮助，却让自己身心疲惫。

【人才宝典】　假如公司缺少按规矩行事的人，任何工作都不会太有成效。

2. 独立思考生活的人

独立思考生活的人被称为 INTJ 型。INTJ 型的人觉得世界充满希望 (N)，而且他们习惯以客观的方式来分析问题与处理事情 (T)。此外，他们总是将生活安排得井然有序 (J)，因此能按照进度完成工作，尤其是运用自己的内向性质 (I) 想出新点子。

（1）希望凡事都能独立处理，这也是驱动他们工作的力量。

（2）具有内向直觉的想法，以及思考决断的举动。

（3）太过于自信，有防备心，容易伤害他人。

（4）工作时通常只会提供概念性的处理方式，缺乏可操作性。

（5）坚持努力完成分内的工作，容易干出业绩。

【人才宝典】　独立思考生活的人充满自信、稳定性强，有很强的竞争潜力，是独立作业的最佳人选。

3. 清晰表达意见的人

这种人被称为 INTP 型。INTP 型的人习惯以反省的思考模式来发挥他们的内在潜力，会独立地（I）客观分析前因后果来做出清晰的（P）决定（T），尤其是面对这个有充满潜力的世界（N），而这些特质都可以通过他们轻松且适应性强的生活方式展现出来。

（1）先把自己的事情妥善处理好之后，才去考虑他人的情况。

（2）运用想法与灵感取得工作上的成效，不受时间的束缚。

（3）要求自己与他人都应有独立的思考，认为这是成熟的表现。

（4）清晰地表达自己的想法，并帮助他人努力完成工作。

（5）从一些平常的事情里看到潜在的希望，通过别人的说法激发一些灵感。

（6）有时会有太多的想法，却不能把它们转换成有意义的行动。

（7）很注重个人的努力，很少重视他人的需要，社交能力迟钝。

（8）不重视现实，比如忘记工作的期限要求，说话不算数。

【人才宝典】　　清晰表达意见的人能够启发老板的思维，引导领导者完成有组织有系统的工作目标。

4. 智慧生活的人

智慧生活的人被美国学者称为 ENTJ 型。ENTJ 型的人喜欢向外扩展人际关系，重视灵活的社交能力（E），认为每件事情的发生都有相互关联及特殊意义（N），他们通常会从客观的角度来处理事情（T），并定下有进度的行动策略，以推动公司早日实现工作目标（J）。

(1) 能够以冷静的思考方式智慧地处理复杂问题。

(2) 把学习当成终身事业。

(3) 希望他人以自由思考的方式来独自处理任何事。

(4) 最大缺点是傲慢、缺少耐心，以及不体贴他人的性情。

(5) 没必要花太多时间与他人交谈，只谈谈要讲的事情就行了。

【人才宝典】　　ENTJ 型的人是天生的建筑师，不过，除了能在建筑界闯出一片天之外，他们还能从事多种与设计有关的职业，包括制度的设计、程序的设计，等等。

5. 生活系统化的人

生活系统化的人，美国学者称之为 ISTJ 型。ISTJ 型的人会从比较实际（S）、客观的角度（T）来看待全世界发生的每件事。他们总是把每天的工作和生活规划得井然有序（J），有时让人觉得他们有些冷漠、孤立（I）。不过这可能只是表面现象，ISTJ 型的人想以此达到某些目的或作为社交的手腕。

(1) 从不装模作样，认真工作，也尽情玩乐，敢于对自己说的话负责。

(2) 做事迅速，工作第一，接下来才会考虑到对家庭与社会的责任。

(3) 做事态度非常冷静稳重，这种特点会帮助他们顺利解决突发情况，或是面对压力。

(4) 有专制的性格，会严格要求部属完成任务，却疏忽了部属的感受与福利。

(5) 不愿意表达自己的意见, 有时候会因此产生严重的沟通障碍。

(6) 做任何事都讲求效率, 注重成效追求生活系统化。

(7) 具有完成任务的能力与安排生活的智慧。

【人才宝典】 从积极的方面来看, ISTJ 型的人往往是个杰出的部属或经理, 甚至是个优秀的领导人。

6. 凡事全力以赴的人

凡事全力以赴的人称之为 ISTP 型。ISTP 型的人是个很难让人摸透且又不愿表达自己意见的人 (I), 而且他们重视与现在有关的事情 (S), 所以常常会比较冷漠; 不过, 由于他们总会以客观的方式来做决定 (T), 再加上他们脑筋很灵活, 总是想到什么就做什么 (P), 因此, 无论他们碰到什么人或发生什么事, 总能迅速地适应环境。

(1) 宁愿单独做事, 也不愿在团体合作上面浪费时间。

(2) ISTP 型的女性喜欢找与性别无关的职业来做, 希望能够马上获得报酬。

(3) 有独立工作的能力, 不需要受人监督也能把工作做好。

(4) 拥有积累知识的能力, 可以成为很卓越的研究分析人员。

【人才宝典】 全力以赴做事, 把压力和烦恼抛到脑后, 这样的人是公司最出色的执行者。

7. 永远把握现在的人

永远把握现在的人，被美国学者称为 ESTP 型。ESTP 型的人喜欢与外界的人事物相处（E），并运用他们理性客观的分析（T）来面对这个现实的世界（S），而且还能以灵活有弹性的生活方式（P）来处理发生的任何情况。

（1）能洞悉事情的重点所在，把今天和明天的事分得很清楚，没有任何关联性。

（2）不在意过去所犯的错误，也不担忧未来的成效，他们重视的是眼前的一切。

（3）有多重选择的能力，如果想做一件事能全力以赴。

（4）对工作踏实，知道自己该做什么，乐于对他人伸出援助之手。

（5）用放任的心态来面对事情，会造成一些遗憾。

（6）常会突然觉得工作没什么意义。

（7）对生活里的规则感到不耐烦，易表现出焦虑和没耐性的特性。

【人才宝典】 ESTP 型的人认为过去的过错与未来的担忧，只会影响自己现在的工作，无助于目标的实现。因此，他们总能把当下的工作处理得井井有条。

8. 和蔼可亲值得信赖的人

ESFJ 型的人社交能力强（E），重视公司里的小事情和与同事间的小细节（S），能够适时地赞扬肯定他人（F），以及划定进度来完成工作目标（J）。因此，这些人会记得所有同事的名字与生日，且会注意到一些相处有道的经理就属于 ESFJ 型。

也就是说，如果某个人的经理属于 ESFJ 型，他就会对这位经理非常了解，知道他会因部属完成工作而给予赞赏；而当部属犯错时，即使是沉默不语也会表示他的愤怒。

（1）具有许多不同的特点，包括负责任、重整洁、准时、关心他人等，因此，他们知道什么时候该要求部属、什么时候该坚持原则，以及什么时候该做适度的退让。

（2）他们对公司有承诺，觉得每个人都该像他们一样，全力为公司工作，所以往往使他们看起来像公司的奴隶似的。

（3）有逃避人与人之间冲突的倾向，不愿面对自己所犯的错误，甚至会尽力否认错误；当他们与别人有些小争执时，他们总会把情况想得非常糟糕，根本不愿试着去解决问题。

（4）可以胜任许多职业，并尽力将工作做好；比如社会服务类的工作，销售类、行政类以及教育工作等。

【人才宝典】　　ESFJ 型人的生活方式和工作上的管理模式，都可用"和蔼可亲值得信赖"来概括，不过，这个特质既是他们工作领域的阻力也是动力。虽然一方面 ESFJ 型的人能够借此来鼓舞部属们实现工作目标，另一方面却又会因此让别人处处占尽便宜。

9. 服务他人的人

这类型的人被称为 INFJ 型，他们常会沉思与反省（I），而且还认为生活里充满了无限的发展性，对未来有很大的憧憬（N）。而这些想法都可透过他们处理人际关系的方式表现出来（F），尤其是他们妥善规划安排的生活方式（J）。

(1) 热情参与工作，兼顾工作与部属两方面。

(2) 同时具有内向型、直觉型与情感型的特质，所以他们总有未卜先知的能力。

(3) 拥有对未来理想的憧憬与重视他人等特质，会努力完成工作目标。

(4) 一直不断学习新知识并激励自我进步，同时也鼓励他人开发自我的人。

(5) 无法实现自己的理想时，会变得很沮丧，甚至会马上反映在他们的行动上。

(6) 过于在乎他人，往往不考虑自己的想法。

(7) 容易将事情复杂化，往往会冒出一些不可思议的荒谬想法。

【人才宝典】　INFJ 型的人的确能以他们丰富的想象力与创造力，来激发别人工作上的灵感，并常常能默默提供其智慧来协助周围的人，是对公司非常有贡献的部属。

10. 能言善道互相激励的人

能言善道的 ENFJ 型的人，拥有卓越的外交能力（E），觉得世界上有无限的希望（N），重视人际关系，习惯以主观的方式来做决定（F），而且喜欢按进度来过井然有序的生活（J）。

（1）最主要的特质是懂得如何激励他人。

（2）善于处理人际问题，是最佳的辅导专家。

（3）过度重视他人的态度，会让他们得到负面的反应。

（4）很容易丧失成就感，造成内心痛苦。

【人才宝典】 如果 ENFJ 型的人能了解自己的小缺点，并试着改掉它们，他们仍能够发挥本身的特长去激励他人，引导大家重视别人的需要以及培养一些道德价值，让公司各阶层的人都工作得更好。

11. 重视人群反应的人

美国学者把重视人群反应的人划分为 ENFP 型。ENFP 型的人热爱社交生活（E），重视人与人之间的交流影响（F），并以此来看待他们对未来的希望（N），选择他们希望的生活方式（P）。

（1）能够在工作中影响其他人。

（2）让每件事都有多种选择。

（3）会视他人的需求采取行动。

(4) 面对更多的工作要求时，很容易采取一些异常行为。

(5) 喜欢充满愉快的工作环境。

(6) 容易重复计划一件事，或很快失去兴趣，造成同事的失望。

(7) 只重视瞬间的任务，反倒忽略了自己应负的责任。

【人才宝典】　　ENFP 型的人可以在各行业里发挥他们的特点，会有一番成就。

12. 让人人都能适性发展的人

这种类型的人称之为 ISFP 型的人，他们习惯审慎规律的内在思考模式（I），而且他们多半是以自我需求来定目标，他们眼中看到的是现实的世界（S），并且总是从主观的角度来做每一个决定（F），对他们来说，经验要比结果重要（P）。

(1) 尊重并支持他人的意见，主张适应发展，而且从不曾试图去影响他人。

(2) 容易与人相处，觉得没必要去影响周围的人，反倒常常会再三检讨自己。

(3) 最佳特质——协助人们看清自己目前该做些什么。

(4) 默默支持部属，或是与他们一同工作，常常分不清自己与部属身份的区别。

(5) 想帮助他人却又不愿去试着改变他人，往往对工作的成效不感兴趣。

(6) 不按常规完成工作，却又能在工作过程中觉得自己是个受到肯定且又有价值的人。

【人才宝典】　任何与服务有关的职业,都适合 ISFP 型的人。不过,能够接受这类需要长期训练的工作的 ISFP 型的人很少。其实,ISFP 型人需要的是永远不受拘束,而且能随意工作的职业。

13. 永远追求超越的人

永远追求超越,是 ENTP 型的人的特征。ENTP 型的人喜欢出现在公众场合,因为那是个刺激有趣的地方 (E)。尤其是外在的世界对他们来说,处处充满了无穷的希望与梦想 (N),所以,他们会用客观 (T) 的态度来看待一切,而且选择不同的生活模式 (P)。

(1) 竞争力强,而且脑子相当灵活,天生有打破沙锅问到底的精神。

(2) 总会依照自己的理想来工作,不断推销他们的想法。

(3) 在生活中有不切实际的狂热,能够不断地学习、成长、改变。

(4) 永不停息地争强好胜,将生活视为每天的挑战。

(5) 无法贯彻始终,无法完成工作任务,甚至还会欺骗自己。

(6) 情绪起伏太大,无法有效处理现实的生活。

【人才宝典】　ENTP 型的人一直活在现实与理想之间,永远都在期待改变,超越现在,即使是不好的改变,也能让他们学到些智慧。

14. 把工作与欢笑合在一起的人

任何 ESFP 型的人都有欢乐的细胞,他们通常很容易与人相处,社交能力强（E），重视世界的现实性（S），而且习惯以人群关系的影响来做主观的决定（F），所以他们过得比较轻松。且相当能适应其他人的生活方式（P）。

(1) 能够促使计划迅速实施，不论面对什么样的突发情况。

(2) 能够让他人感到自己的独特性，并能够以自己的方式来工作。

(3) 会为了别人的需求采取行动。

(4) 知道该怎样平衡心中的紧张，并懂得说些话或做些事来减轻压力。

(5) 为自己设太多的目标，却因能力所限而失败，甚至造成心中的沮丧。

(6) 对公司规则与工作进度的轻视和不尊重，影响公司整体的运作。

(7) 不懂得考虑后果，不能做到三思而后行。

(8) 追求充满欢乐的日子，不曾考虑到工作场所是否能够接纳他们这种态度。

【人才宝典】　　　ESFP 型的人天生的善解人意，因此他们可能是卓越的培训师、各类型的销售员等。

15. 喜欢发号施令的人

这种人被称为 ESTJ 型的人，他们很容易与人相处，社交能力强，不但能直接与人沟通（E），还能以客观的角度（T）来看待这个现实的世界（S）。而且，他们总会在别人听得见的范围内，直率地要求别人完成某件事（J）。

(1) 面对问题时，要求自己与他人依照工作进度与公司规则，来处理眼前的问题。

(2) 会爬升到高级经理的职位,除非是因为他们的外向决断型 (EJ) 特质。

(3) 遇到一些突发情况时,无法妥善地处理一切,只会用强硬的命令来压迫部属。

(4) 总想控制所有的工作情况,但在日常生活中并非如此,看起来相互矛盾。

(5) 常常无法放松自己,这完全是由他们天生好强的个性所致。

【人才宝典】 ESTJ 型的人具有分析判断能力,重视客观环境,喜欢发号施令,而且过的是规律化的生活,所以是较合适的管理人才。

16. 重视家庭的人

原日本西武铁道集团公司董事长堤义明曾经表示,自己在提升一个职员出任高级经理的时候,必须先见见他的老婆;如果把一个经理晋升为公司董事,就得连家里的孩子都得叫来见一见。

仔细分析一下可以发现,这种方法的确非常高明。因为在公司里面,员工出于各种原因会隐藏自己的锋芒和缺点,表现出领导所期待的优秀品质;而在家庭生活中,他们往往会彻底放松自我,人性的种种状况都会自然地呈现出来。所以,堤义明通过与员工家属的交流和沟通,就能从日常的小事中发现员工真实的个人品质。

(1) 在不同情况下观察对方的表现。

《资治通鉴·周纪》提出了从不同的人生境遇观察人的方法:"居视其所亲,富视其所与,达视其所举,穷视其所为,贫视其所不取。"通过观察对方在日常生活中的行为，可以发现人才的品质。

(2) 观察对方关键时刻的表现。

在处理利害关系问题的时候，最能判断一个人的品质。在饥饿疲惫的时候，可以看出一个人的精力；在喜悦愤怒的时候，可以看出一个人的度量；在荣耀得意的时候，可以看出一个人的修养。掌握这些技巧，可以帮助老板正确识人。

【人才宝典】 老板需要准确识别人才，才能发挥人力资源的作用，实现管理目标。为此，他们往往有自己独到的人才考查方法。比如，通过家庭关系考查下属就是一个独特的视角。

第二章
制度管人，有法必依：
一切都要按规矩办事

很多公司在规模小的时候，老板习惯通过师傅带徒弟的方法言传身教，告诉每一位员工什么事情能干、什么事情不能干。但是，当公司到达一定规模的时候，这种方法就行不通了。这时候，用制度管人就成了必然的选择。

1. 国有国法，家有家规

《红楼梦》里有这样一个片段：宁国府贾蓉的媳妇秦可卿死了，宁国府内大办丧事，每天吊唁的人鱼贯而来，里里外外事情极多，急需一位有管理才能的人帮忙料理；于是，贾蓉的父亲贾珍请来了荣国府的王熙凤来料理宁国府。

王熙凤到宁国府第一件事就是先建立了人事管理制度。每个人都有事做，各负其责，互不推诿，谁干什么，谁有什么责任，谁去检查，干得不好怎么处理，清清楚楚，有条不紊。这一二百人的工作群体，若没有明确的规章制度，非乱套不可。

接着，"凤姐"又建立了考勤制度和物品管理制度。规定了什么时候点名，什么时候吃早饭，什么时候领发物品，什么时候请示，某人管某处，某人领某物，弄得十分清楚。

由于建立了人事、考勤、物资的管理制度，就避免了原来宁国府中管理的无头绪、忙乱、推诿、偷闲等弊端。

【人才宝典】　国家实行法治才能进步，各种组织也要实行"法治"才能持续发展，这个"法治"就是制度化管理。

2. 无序造成公司管理混乱

（1）职责不清造成的无序。

由于制度、管理安排不合理等方面的原因，造成某项工作好像两个部门都管，其实谁都没有真正负责。两个部门整天扯皮，使原来的有序反而变成无序，造成极大浪费。

(2) 业务能力低下造成的无序。

一种情况是应该承担某项工作的人，因能力不够而导致工作混乱无序；另一种情况是当出现部门和人员变更时，工作交接不力，人为地增加了从"无序"恢复到"有序"的时间。

(3) 业务流程的无序。

考虑以本部门为中心，而较少以工作为中心，不是部门支持流程，而是要求流程围绕部门转，从而导致流程的混乱，工作无法顺利完成，需要反复协调，加大管理成本。

(4) 协调不力造成的无序。

某些工作应由哪个部门负责没有明确界定，缺乏协作精神和交流意识，彼此都在观望，结果工作没人管，原来的小问题也被拖成了大问题。

(5) 有章不循造成的无序。

随心所欲，把公司的规章制度当成他人的守则，没有自律，不以身作则，不按制度进行管理考核，造成无章无序的管理，影响了部门的整体工作效率和质量。

【人才宝典】 分析造成无序的原因，努力抓住主要矛盾，思考在这种无序状态中，如何通过有效的方法，使无序变为相对有序，从而整合资源，发挥出最大的效率。

3. 纪律是公司的生命

日本伊藤洋货行的董事长伊藤雅俊："纪律和秩序是我的公司的生命，不守纪律的人一定要处以重罚，即使会因此减低战斗力也在所不惜。"

（1）为了保证纪律要不讲人情

纪律是无情的，所以让人难以理解。但是，纪律不是人情的问题，而是关系着整个组织的生死存亡。

（2）纪律面前人人平等

公司制定出来的各种规章制度不能成为摆设。作为老板，你应当以有效的手段保证其得以贯彻落实，一旦发现有人违规，便加以惩治，绝不手软。

【人才宝典】　　管理者要明确一点：对一个公司而言，最重要的就是纪律，与纪律相比，其他的一切都是第二位的。

4. 用"烫炉法则"严明纪律

建立良好的纪律准则，可以用"烫炉法则"来保证。换言之，是用与烫炉有关的4个名词来形容纪律准则：

（1）预先警告原则。如果炉火是滚烫的，任何人都会清醒地看到并认识到一旦碰一下就会被烫着。

（2）即时原则。即如果你敢以身试法，将手放在火红的烫炉上，你立即就会被烫——被惩罚。

（3）一致性原则。简单地说，就是保证你每次傻乎乎地用手触摸烫炉肯定都会被烫着，不可能会有一次例外。这样的纪律准则应该是很严密的。

（4）公正原则。即任何人，不论男女老少，不论你的地位有多高，名声有多么显赫，只要你用手触摸烫炉，保证会被烫着——烫炉可不会见风使舵，因人而异。

【人才宝典】 对破坏纪律的行为进行惩罚，必须致力于积极的效果，具体做法是：通过建设性的批评或讨论来让员工按你希望的那样去做。

5. 用制度管人，按规矩办事

在企业里，只有规章制度完善，才能使人们有章可循，有法可依，一旦触犯这些天条，就会遭到制裁。一套好的规章制度，甚至要比添几个主管还顶用得多。

（1）用制度简化流程

复杂的生产制造企业，尤其需要制度化管理保证执行的有效、简化。这其实符合管理的一个重要原则，那就是把复杂的东西变简单。

（2）把握好制度的时间性

规则制定的目的是对一些工作中不明的事项，定出一个明确的标准。因此，它时间性很强，同时也是为适应时代环境而定出来的，因而绝非是千古不变的定律，当时间、环境发生了变化，规则本身也必然发生变化。

【人才宝典】 制度也好，规矩也罢，它们存在的意义，不在于约束，而在于凝聚。将每个成员各自独立的个人倾向规范引导，能量集中，小流束之成大川，因而能铸就较强的战斗力。

6. 用制度约束下属

公司治理不能完全依靠道德引导下属，也要依靠制度约束。跨国公司之所以在商业世界里所向披靡，不仅在于它们强大的资本，还与自身适应市场竞争形成的健全制度约束有关。

走进任何一家肯德基，人们都会享受到同样温馨的就餐环境、无微不至的服务，员工有条不紊的工作是建立在严格而有效的管理制度基础上的。通过制度管理约束每一个员工，既使公司有序运营，又保持了长久发展。

如果一定要用天生就直的竹木做箭，恐怕一百年也找不到一支箭；如果一定要找天生就圆的木头做车轮，恐怕一千年也做不成车轮。我们使用的箭和车轮都是通过矫形工具制成的。同理，人才的使用也不是立刻找到百分百合适的对象，而要在具体管理中依靠制度的约束使其完成自己的工作。

高明的领导人一定善于用制度来约束下属，通过建立科学有效的管理制度，保证商业计划实施、有效统领下属。这种游戏规则的建立是企业管理活动中的应有之义，而非可有可无的东西。

制度约束深刻体现了法家的治理思想，它区别法家"人治"理念，有效避免了"道德风险"。当不以"好人"和"坏人"评价员工，而是以制度实现"用人不疑"领导思想的时候，可以说企业管理水平才达到了成熟阶段。在健全制度的保障下，领导有方才成为现实，各项工作才能取得良好成绩。

特别是当企业发展壮大以后，领导人面对的不再是几个人、十几个人的公司，而是几十个人、成百上千的企业集团，无论从个人经历还是复杂程度来看，制度都必须成为领导人实现成功治理的首选。

【人才宝典】 韩非子说："凡治之极，下不能得"。意思是，治理天下的最高境界，就是使臣下无机可乘。所以在管理上，要通过有效的制度约束使大家不得不对组织负责，而不得做破坏的事情。

7. 公私分明，照章办事

有一次，三菱电机创始人岩崎太郎把一位高级干部叫到私人住所，然后交给对方一张公司的便条纸，并且生气地说："你到底在干什么？"这位干部看过字条后低下了头，原来那是他前几天写的一张请假单，而它是用公司的便条纸写的。

岩崎太郎严厉地说："身为公司高级干部，无法做到公私分明，浪费公司便条纸写私人的请假理由，毫无道理。"

误用一张公司的便条纸，在常人看来是一件微小的事情，但是岩崎太郎能够从细微的事情上使员工改善自己的行为，这种细心和严谨是建立三菱帝国的重要因素之一。

市场竞争是残酷和无情的，在人员管理上领导人也要严格按照规矩办事，来不得丝毫的马虎和懈怠，更不能搀杂个人情感。

事实上，许多人都知道工作中公私分明、照章办事的重要性，但是真正做起来并不容易。因为生活难免会对工作产生影响，比如遇到了情感问题，人们会不自然地与熟识、知心的同行甚至下属交谈。

因此，坚持在制度之内从事管理工作，而不搀杂个人情感与好恶就显得异常重要了。具体到管理工作中就是秉公办事，持有自然、客观的态度，不与某些人亲密，与另一些人疏远。

【人才宝典】　　在领导工作中不干涉下属私人问题，在办公室不谈论私事，为下属的薪水保密等——只有在制度之内做事，才能建立个人领导威信，提升与下属的人际关系质量。

8. "人治"不如法治

要实行制度管理的"法治"，就要打破"人治"观念。概括起来，"人治"管理的诸多缺陷主要表现为：

（1）"人治"缺乏科学性

由于个人的智慧、水平有限，"人治"的过程中会出现这样那样的毛病。"人治"带有明显的随意性，使员工难以适应。

（2）"人治"带有专制性

"人治"缺乏民主性，决策极易失误，人际关系也极易紧张。"人治"以人为主，难免出现"一朝天子一朝臣"的现象，这就会使员工产生不公平感，不利于"人和"。

（3）"人治"无法逾越人情

"人治"常常过不了人情关，奖亲罚疏，任人唯亲的事情一发生，老板就会逐渐失去威信和凝聚力。

（4）"人治"只能治标而不能治本。

由于"人治"而无法形成有章可循的规章制度，不利于企业风尚、企业文化和企业道德的形成。

【人才宝典】　　一个组织要实现组织目标，形成组织管理制度是有力的措施和手段之一。制度作为员工的行为规范，可以使公司有序地组织各种活动。

9. 小老板管事，大老板管人

具有一定规模的公司总裁和较小规模的公司老板相比，他们之间的行为区别就是小老板管事，大老板管人。而公司老板的行为修炼就是如何从管事到管人，更重要的则是怎么去管人。

老板管人管什么？怎么管？一般情况下应从 3 个方面入手：一是管人，二是育人，三是用人。也许"管人"这个概念在今天这个鼓励沟通的时代会让人觉得刺耳，或者多少让人觉得观念落后。但在公司管理中，它依然是个不可回避的问题。

任何一家公司总要有一些管理制度和岗位纪律，这是一个公司保持其组织活动正常进行的最基本的东西。那么，作为一个组织领导者，最重要的就是要把这些制度与纪律建立起来，并使它成为员工的行动准则。

很多公司在规模小的时候，老板习惯通过师傅带徒弟的方法言传身教，告诉每一位员工什么事情能干、什么事情不能干等；但是，当公司到达一定规模的时候，这种方法就行不通了。所以，用标准来管人、约束人便成为老板一项很重要的工作。

【人才宝典】　公司总是要一天天成长，在这个过程中，老板的行为就一定要发生变化。最为明显的一点就是由管事逐步过渡到管人。

10. 好制度会使坏人变好

早在 18 世纪末期，英国政府实行移民政策，决定把犯了罪的英国人统统发配到澳洲去,开发澳洲。当时,一些私人船主承包了运送犯人的工作,英国政府实行的办法是以上船的犯人数支付船主费用。

船主为了牟取暴利,尽可能地多装人。一旦船只离开了岸,船主按人数拿到了政府的钱,对于这些人是否能远涉重洋活着到达澳洲就不管不问了。有些船主为了降低费用,甚至故意断水断食。结果,能够平安达到澳洲的犯人并不多。

后来,英国政府发现:运往澳洲的犯人在船上的死亡率高达12%,费了大笔资金却没能达到大批移民的目的。于是,他们想了很多办法,比如,每一艘船上都派一名政府官员监督,再派一名医生负责犯人的医疗卫生,同时对犯人在船上的生活标准做了硬性的规定;把船主都召集起来进行"珍惜生命,关爱生命"的教育培训。但是,情况依然没有好转,死亡率一直居高不下。

一位英国议员终于发现,是那些私人船主钻了制度的空子,而制度的缺陷在于政府给予船主报酬是以上船人数来计算的。他提出从改变制度开始:政府以到澳洲上岸的人数为准计算报酬,不论你在英国上船装多少人,到了澳洲上岸的时候再清点人数支付报酬。

制度改变了,问题也就迎刃而解。不用政府再派官员监督,也不用政府派随船医生,船主就会主动请医生跟船,在船上准备大量药品,犯人的生活也大大改善了。

船主都明白这样一个道理:尽可能地让每一个上船的人都健康地到达澳洲,因为多一个人到达澳洲,就意味着船主多一份收入。自从实行上岸计数的办法以后,船上的死亡率降到了1%以下。有些运载几百人的船只经过几个月的航行竟然没有一个人死亡。

公司制度设计科学合理,会极大地调动人才的积极性,发挥他们的潜能;不合理的制度,不但无法实现人尽其才,还可能压制人才,甚至造成人才流失。这就是制度的魔力所在。

【人才宝典】　　好的制度，坏人也会变好，而不好的制度，好人也会变坏。

11. 创造遵守制度的严肃环境

（1）老板要严格自律

中国有句话说："善为人者能自为，善治人者能自治。"让一个团队有战斗力，在规则内行事，老板必须有自律意识，以身作则。

（2）实行纪律约束要一碗水端平

许多老板总是有意无意地愿意接触与自己爱好相似，脾气相近的能人，有时还会把同能人建立亲密无间的感情和迁就其错误混淆起来。这样以感情代替原则，容易把人才的工作思维引向歧途和误区，最后受伤害的往往是公司和老板。

（3）拿正反典型教育能人

利用报告会、演讲会、座谈会等形式，有针对性地对能人进行正反典型教育。这样可以更好地教育能人，防患于未然。

【人才宝典】　　对人才进行有效的纪律约束，就必须不断增强管理者的自律意识，努力培养人才遵守纪律的自觉性。

12. 设计规章制度的两个原则

一般情况下，老板为公司制定完善的规章制度要遵循以下两个基本原则。

(1) 确保规章制度的合理性和规范性

任何一家公司要想实施有效的纪律约束，就必须确保规章制度的合理性和规范性。因为公司制定规章制度的目的是要员工遵守，若空有形式，则毫无意义可言。

设计规章制度时，要经过详细的调查，认真细致地分析研究，并结合公司的生产经营状况和员工的实际情况。这样规章制度才能够行得通、推得开，否则，那些脱离实际的条文无疑等于一纸空文。

(2) 与时俱进的原则

公司制定管理规章制度的时候一定要灵活，要随着时间、环境的变化而有所变化，绝不能一成不变。

老板如果发现有的规章制度不够合理，必须尽快废止或进行合理补充，千万不可墨守成规。否则，这些过时的规章制度就会随着时日的变迁而更加脱离现实，最终只会成为束缚员工积极性的僵硬条文。

【人才宝典】　　　制度必须权威，必须与时俱进，这是适应员工成长、公司发展的需要。

13. 让大家参与设计规章制度

在许多公司里，规章制度绝大多数都是由老板来制定的，甚至具体到某一业务标准也反映了老板的意志。

这种现象似乎已成为一种习惯，但它存在着几个问题：

（1）老板可能对现场作业流程并不了解，因此最后的制度无法适应员工工作需要。

（2）老板不可能制定出系统的管理能人的规范，如部门间的衔接和权责具体该怎么处理，这是部门与部门之间互相踢皮球的关键原因。

（3）老板对"现在是什么"可能比较了解，但对于"应该是什么"，也就是如何改变才更富有效率比较模糊。

鉴于以上这些方面的原因，老板必须从公司中抽调一些不同部门、不同层次的人来制定这些规章制度，并确定一个将来执行规章制度操作管理的人，来共同参与其中，这样制定的规章制度就比较规范且容易进行具体的操作实施。

【人才宝典】　在制定规章制度的人员安排方面，老板应该与一些管理咨询专家共同对企业进行一次深入的了解，在进行管理诊断后，再由这些管理咨询专家和公司同人共同设计管理制度的规范。

14. 建立和实施制度的要点

（1）明晰制度的设计思路。

按职能、公司结构、管理标准进行明晰的管理方案的设计。这样，即能按做什么、谁来做、怎样做、做的标准、做错做对谁来管这一顺序进行管理，把责任具体安排到了每一位能人的头上。

(2) 制定管理标准。

制定标准的重点是在流程设计和接口分析的基础上制定各类管理标准。毫无疑问，职能的承担者是组织机构，而组织的正常运转要靠一系列的运行机制加以保证。管理标准是运行机制的主要内容。

(3) 将经常性的工作标准化。

将经常性的工作进行管理规划，制定一个系统的管理标准，这样有利于处理领导与下属、公司与员工、员工与客户之间的关系。一般而言，管理标准主要包括业务标准、工作标准和作业标准。

【人才宝典】　　标准制定是否合格，要看：是否所有的接口（业务衔接点）都反映在标准中了；是否都将以往工作中出现的矛盾、扯皮等问题解决的办法纳入了标准；每个部门和岗位做什么和怎样做的问题是否都在标准中明确了。

15. 有制度不执行，比没制度更糟

有制度容易，按制度办事难，让每个能人都按制度办事就更难。能不能按章办事决定了老板有没有威信，决定了老板能否把队伍带好。概括起来，规章制度的执行步骤包括以下几个方面：

(1) 提前做好准备工作

一般情况下，准备工作包括思想动员和落实要求两个方面。思想动员，主要应该强调执行制度的重要性、必要性，以及执行后所产生的效果。落实要求，主要是落实范围（在什么区域执行）、期限（执行时间）、负责者（谁来执行）。

(2) 付诸实施

一般而言，实施前要正确理解制度的内容，然后提出措施，认真贯彻。同时也要注意观察实施过程中的情况，并做好记录和数据收集与管理。

(3) 检查执行情况

在实施过程中，要检查各项工作是否按制度要求执行，并找出异常情况及其原因。同时还要检查实施效果，看最终目的是否达到了，要用事实说话，不凭印象办事。

(4) 抓好信息反馈

信息反馈是一切经济系统正常运作的一个重要环节。通过信息反馈可以了解规章制度的执行情况，并从信息整理中找出规律，再做出新的规定，这样才能使制度不断完善。

(5) 综合考核

一般而言，考核是强化规章制度的一种重要手段。考核的内容包括工作态度、工作能力、技术业务水平和工作业绩等。通过对能人的技术和业务的考核，可以确切地掌握每一位能人的工作状况和业务能力，作为能人定级、降级、提升和授予职称的重要依据。

(6) 总结经验

根据检查考核的结果，老板可以把成功的经验和失败的教训加以总结使其标准化（制度化、规范化）。这样，下一次进行相同工作时就不必再重新讨论、研究和请示了，可直接按标准进行，并防止问题再次发生。对于没解决的问题，找出原因后放到下阶段的修订工作中去。

【人才宝典】 　　严肃认真执行制度，定期检查制度的执行情况，这是发挥制度管理功效的关键。

16. 破坏制度一定要受到惩罚

有了刚性的制度后，也就意味着制度是做事的依据。但是，如果有人违反了制度怎么办？很简单，一定要受到追究。

每个人有每个人的岗位，每个人有每个人的职责，没能完成任务，或者没能达到岗位职责要求，要追究原因，是能力不足，还是岗位不合适，需要有一个妥善处理结果。

具体来说，老板可以从下面两点入手：

（1）惩处失职的人，告诫所有部属。

工作玩忽职守，人为因素造成履行责任不力，其他因素造成重大损失，对这种失职行为引起的违反制度规定的情况，老板应在公开场合大张旗鼓地"清算"宣布惩处的决定。

（2）严惩故意破坏制度的行为，警示其他员工。

拨款 20000 元，购买 10 个 2000 元每套的工具，结果他花了 16000 元，却开了 20000 元的发票。对这种故意破坏公司制度的行为，要严惩不贷。

【人才宝典】 　　如果一切都能按照既定的规则进行，那么老板肯定是很轻松的。对违反制度的行为，如果不能及时、严格地进行处理，必然使日后公司的运营出现许多漏洞。

17. 不要成为规则的奴隶

做事要讲规则，但是不能被规则捆住手脚。要知道，这个世界上唯一不变的就是变化，所以在大的规则之外懂得变通，尤其重要。

有这样一幅画，上面有一群鱼，大部分鱼都往一个方向游，只有一条鱼是往相反的方向。这幅画的题目是"换个方向，你就是第一"。

的确，当别人都在朝一个方向努力的时候，如果你能够独辟蹊径，找到新的蓝海，那么你自然在另外的领域成为领头雁。使用人才的时候，遵守规则是必要的，但是不能因此束缚了自己的手脚。

【人才宝典】　一个新的思路，可以让你发挥人才的最大价值；一个新的招数，可以让你出奇制胜，实现团队力量的大整合。

第三章
鼓励竞争，逼出人才——
搭建舞台，让大家争当有功之臣

兵随将转，天下无不可用之人。员工出人头地要靠真本事，而老板的职责是建立一个出人才的机制，给每个人相同的竞争机会。

1. 竞争是公司发展的根本

竞争是大自然的生存法则，也是现代公司存活、发展、壮大的根本准则。外部竞争有利于公司更好地适应市场，内部竞争则有利于打破大锅饭，实现人尽其才。

在美国硅谷，盛行这样一种工作意识："业绩是比出来的。"没有竞争永远出不了一流的成果。那里的企业管理者注重持久性地延续员工的"竞争"观念，培育员工的竞争意识和竞争能力，增强员工对于"竞争"的认可度。他们努力让所有的员工都意识到：已有的辉煌只是暂时的，稍有懈怠，个人和企业的竞争实力就会一泻千里。

通过竞争管理机制，使员工强烈意识到竞争的存在和无情，最大可能地发挥员工的主动性和潜力，不断进取、创新、拼搏，使企业拥有强劲的、比较均衡的竞争力，为公司逐鹿未来市场奠定了胜局。

竞争是公司生存的最大武器，是激励员工向上的绝对因素。"一匹马儿眼见就要被其他马匹超越时，跑得最快。"在员工之间注入竞争，可最大化地激发他们的好胜心理，满足他们获胜、拔尖、成为优秀者的愿望，进而让员工个个成为"工作尖兵"。

【人才宝典】　　通过引入竞争机制，实行赏勤罚懒，赏优罚劣，打破看似平等实为压制的利益格局，员工的主动性、创造性才会得到充分的发挥，公司才能长期保持活力。

2. 让大家争当有功之臣

台湾《商业周刊》总裁金惟纯说："老板的最高境界就是：他不在公司时，公司还可以成长。"这一目标，必须借助"压力管理"来实现。

(1) 要施加压力，逼出人才。

有些下属如果没有外在的压力，就会满足现状，不思进取，时间一长，必然会惰性大发，影响整个公司的效率。对这样的部下，一定要施加压力，使他过剩的精力得到释放，这样一来可以提高公司的效率，二来可以满足下属的成就感，一石二鸟。

(2) 要注意适度施压。

人不是机器，再能干的人也有一定的生理和心理的承受能力，若一味施压,不讲适度原则,那么必然会过犹不及,适得其反,既不能达到提高效率的目的,又可能落一个"暴君"的恶名,这样不但搞坏了自己的名声,而且又压垮了一员大将,得不偿失。

【人才宝典】　　适度施压是培养人才,发现人才,创造高绩效的一大法宝。

3. 请将不如激将

运用激将法,可以挑起人才的干劲儿,最大程度上让部下施展个人才华。掌握聪明的激将法,可以使用这样几种方法:

(1) 对比激将法。这是要借用与第三者的对比反差来激发人的自尊心、好胜心和进取心。

(2) 绝路激将法。俗话说:"置之死地而后生。"所以,一个企业领导人若想让一个临死的企业"活"起来,就要想办法让员工们知道自身企业处于"绝地"的处境。

(3) 煽情激将法。这种方法需要用具体的有感染力的描述,用富有煽动性的语言激起人们心中的激情、热情。所用的可以是严酷的现实,也可以是轻松的远景,完全由自己选择。

(4) 巧妙激将法。这可以根据年轻人争强好胜的特点,也可以利用老年人自尊心强的特点,你越说他不中用,他越不服老,越能表现出勇敢。

【人才宝典】　　恰到好处地运用激将法,可以让下属更有责任感,能激起下属的英雄气概,能唤起下属的自尊心。总之,它是驾驭人心的一把利器。

4. 制定最有效的竞争机制

给员工比赛的场地，帮员工明确比赛的目标，比赛的规则公开化，谁能
跑在前面，就看员工自己的了。在这方面，海尔集团的做法可圈可点。

海尔领导人提出了"赛马不相马"的口号，为海尔人提供公平竞争的机
会和环境，尽量避免伯乐相马过程中的主观局限性和片面性。概括起来，海
尔的系列赛马规则主要有：

（1）在位监控

海尔集团建立了较为严格的监督控制机制，任何在职人员都接受三种监
督，即自检（自我约束和监督）、互检（所在团队或班组内互相约束和监
督）、专检（业绩考核部门的监督）。干部的考核指标分为5项：一是自清管
理；二是创新意识及发现、解决问题的能力；三是市场的美誉度；四是个人
的财务控制能力；五是所负责企业的经营状况。这五项指标赋予不同的权
重，最后得出评价分数，分为三个等级。每月考评，工作没有失误但也没有
起色的干部也归入批评之列，这使在职的干部随时都有压力。

（2）届满轮流

随着集团的逐步壮大，越来越需要一批具有长远眼光，能把握全局，对
多个领域了如指掌的优秀人才。针对这种情况，海尔集团提出届满要轮流的
人员管理思路，即在一定的岗位上任期满后，由集团根据总体目标并结合个
人发展需要，调到其他岗位上任职。届满轮流培养了一批多面手，但同时也
让许多年轻人认为是青云直上的一种客观障碍。

（3）三工转换

海尔集团实行三工并存、动态转换制度。三工，即在全员合同制基础上

把员工的身份分为优秀员工、合格员工、试用员工（临时工）三种，根据工作态度和效果，三种身份之间可以进行动态转化。三工动态转换与物质待遇挂钩，在这种用工制度下，工作努力的员工，可及时地被转换为合格员工或优秀员工，同时也意味着有的员工只要一天工作不努力，就可能有十天、百天甚至更长时间来弥补过失，就会由优秀员工被转换为合格员工或试用员工，甚至丢掉岗位。

【人才宝典】　　　兵随将转，无不可用之人。老板的任务不是去发现人才，而是建立一个出人才的机制，给每个人相同的竞争机会。

5. 给员工设计好奋斗目标

有了目标，才会有方向感。目标激励就是通过一定的目标作为诱因刺激人们的需要，激发人们实现目标的欲望。实施"目标激励"，要坚持下面几个原则：

(1) 目标激励要发挥正面作用

判断激励所产生的积极性，应该以是否有利于完成公司任务，实现公司目标为标准。如果措施不当，方向不明，有时会导致下属相反的行为，结果好心办坏事，反而与公司目标背道而驰，危害公司利益。

(2) 把公司目标与下属目标结合起来

激励目标的设定必须满足下属的需要，否则无法提高下属的目标绩效，达不到促使下属做出有效行为的目的。只有将公司目标与个人目标结合好，使公司目标包含较多的个人目标，使个人目标的实现离不开为实现公司目标所做的努力，才会收到满意的激励效果。

【人才宝典】　　　著名管理专家米契尔·拉伯福说："我们宣布讲究实绩、注重实效，却往往奖励了那些专会做表面文章、投机取巧的人。"实施"目标激励"，可以真正让大家朝着任务努力，而不是整天围着领导转。

6. 点滴功劳也要立刻奖赏

公开的表彰能加速员工渴求成功的欲望，老板应该当众表扬员工。这就等于告诉他，他的业绩值得所有人关注和赞许。

（1）员工完成工作时，当面表示祝贺。

研究表明，最有效的因素之一就是：当员工完成工作时，老板当面表示祝贺。这种祝贺要来得及时，也要说得具体。

（2）写张便条，赞扬员工的良好表现。

如果不能亲自表示祝贺，应该写张便条，赞扬员工的良好表现。表面形式的祝贺能使员工看得见老板的赏识，那份"美滋滋的感受"更会持久一些。

（3）表彰时开会庆祝，鼓舞士气。

如今，许多公司视团队协作为生命，因此，表彰时可别忘了团队成员，应当开会庆祝，鼓舞士气。庆祝会不必太隆重，只要及时让团队知道他们的工作相当出色就行了。

【人才宝典】　　　金钱的激励作用是不可忽视的，如果没有金钱报酬，不要说激励员工，通常情况下会造成人员流失。

7. 制造工作中的危机感

美国管理专家巴德维克博士指出:"不时提醒你的员工,企业可能会倒闭,他们可能会失去工作。这样可以激励他们尽其所能,不致怠慢企业和工作。"实际上,创造工作中的危机感对公司和员工都有许多好处。

(1) 提升工作效率。

太过稳定,一般会影响员工的工作绩效。工作稳定,长久以来一直是员工的权利。如果员工认为公司"欠"他们的,没必要靠努力工作获得报酬,他们的效率就会降低。这不仅对公司造成损失,对个人也许贻害更深。

(2) 提升工作能力。

缺乏外界压力,员工容易对工作失去责任感,不会主动学习如何应对变化。因此,当市场环境、公司环境发生改变时,他们就会束手无策,坐以待毙,这恰恰会带来真正的危险。相反,必要的危机感能把员工训练成岗位能手,大大提升他们的工作能力。

【人才宝典】　　危机是一种压力,更是一种动力,它会激发员工克服困难、突出重围的潜能,磨炼出员工独当一面的真本事。

8. 彻底消除"无所谓"态度

公司队伍涣散,员工干好干坏一个样,大家一副无所谓的状态,这样的团队没有丝毫的竞争力。老板无须给队伍换血,只要彻底改变员工"无所谓"的心态，就能让大家干出业绩。

（1）让员工明白经济现状中潜伏着不尽的威胁：客户可能拂袖而去，公司可能失去订单，业绩下滑可能造成收入缩水。

（2）说服那些充满恐惧的员工获取安全感的最好途径，是帮助公司实现最为关键的目标。没有成功，就没有企业，也就没有工作。

（3）不时提醒你的员工，企业可能会倒闭，他们可能会失去工作。这样可以激励他们尽其所能，不致怠慢企业和工作。

【人才宝典】　　如果员工无论业绩多么差都能高枕无忧，就可能造成一种"无所谓"的公司文化。而这会严重威胁到公司的持续健康发展。因为，员工无所事事，却认为企业"欠"着他们的，那么公司离破产也就不远了。

9. 发掘潜能的六个手段

（1）树立榜样，典型示范。

榜样是一面旗帜，具有一定的具体性、鲜明性、说明力强、号召力大，容易引起下属感情上的共鸣，使大家学有方向、赶有目标，因此老板要善于发现典型、宣传典型。

（2）建立目标，明确任务。

当建立了目标，确定了任务所属，下属就会感到有奔头，便能充分发挥自身的潜能，大幅提升公司业绩。

（3）调整岗位，发挥才干。

人的才能增长是有周期性的，通常一个人在一个岗位上工作的时间以三年至四年为宜。适时地调整那些优秀人才的岗位和职位，对于他们不断提高、继续成长大有益处。

(4) 自我教育，互相影响。

发掘下属内在的潜力，不仅要靠外界的动力去启迪，而且还要靠下属自我激励。实现出色的自我管理，是员工成长的关键。

(5) 公布数据，排列名次。

用数据表示成绩和贡献，最能激励下属的竞争意识。通过看到自己与他人成绩的对比，就会让员工发挥最大的潜力，超越自己。

(6) 关怀体贴，以情感人。

关怀的内容是多种多样的，即使是见面打个招呼，也会增强与下属感情上的接近。这种归属感容易赢得人心，激发员工创造高绩效。

【人才宝典】　　作为领导者，要善于通过多种激励方法，把下属中蕴藏的潜在力量充分挖掘出来。

10. 确保下属干劲冲天

下属都具有初生牛犊不怕虎的冲劲，但要如何激发出来，还需要老板动动脑筋。以下几种建议能够使下属的冲劲发挥到最佳境界。

(1) 为下属创造成功的机会。

老板必须先让下属做成几件事，让他树立信心，感觉到自己也很重要，自己能办好很多事，这就是激发下属去主动办好一件事的有效方法。

(2) 进行适当的奖励。

下属办成事后，要注意给予一定的奖励，使其认识到办好事情是有利可图的，是可以得到上司赏识的，这种利益的刺激下，他们必然会尽力争取下一次成功。

(3) 安排下属到他最适合的岗位上。

人只有在做自己愿意做的事时，干劲最大、劲头最足，态度最认真，效率也最高。因此调动他们对自己工作的兴趣，做自己喜爱的工作，是激发工作欲望的重要条件。

【专家点评】   只要环境条件适宜，下属的才能自然就会生根发芽、开花结果，取得更大的成绩，促进自身改变，变成更加理想的人才。

11. 人才都是逼出来的

有些员工得过且过，不思进取，就个人而言主要原因有两点：一是没有进取心，缺乏工作的动力；二是没有压力，做不做都一样。

对此，老板一方面应当改革机制，对积极进取的员工进行奖赏，激励他们努力工作。另一方面，可以适当施加压力，逼出人才。

(1) 员工需要教练型老板。

其实，每个士兵都有成为元帅的可能，关键是看他有没有一个逼他成才的上级。如果下属在没有压力的状态下时间一长，必会惰性大发，懒散成性，影响整个公司的效率和干劲。对于这样的部下，老板一定要做教练型领导，施加压力，用掉他的过剩精力，提高公司效率的同时，增加部下的成就感。

(2) 越多的挑战，越有利于成才。

人才都是逼出来的，越多的挑战，越加速逼迫其成为有用人才。研究显示，工作越忙碌，员工能力提升越快。工作是培养人才的动力，忙碌则是培养人才之母，冗员太多的单位，三个人当一个人用，大家整天无所事事，懒散的气氛互相传染，这样非但不能造就人，反而使人才变为庸才。

【人才宝典】　　工作多而人员少，员工不得不寻找最有效率的工作方法，由此能力水平大大提高。

12. 给员工足够的机会

新员工没有足够的时间适应、了解公司，怎么办呢？联想公司的做法非常高明，可以为众多公司提供有益的参考。

（1）给新人配备指导人，帮助其成长。

在人力资源政策上规定，给新人设立指导人，帮助他们在试用期内进行全面的培养，以便尽快熟悉和了解公司的全貌。

（2）针对岗位目标进行考核，计算出业绩。

目标设定了，就要为之而努力，哪个岗位的目标未达成，哪个岗位的人就要对此承担应有的责任，而这也会与考核挂钩，体现在季度、年度的个人绩效成绩上。

（3）对遭淘汰的人调岗，给予二次机会。

联想每年的考核有一定淘汰率，但这种淘汰并不是简单地通知走人，而是进行调岗，给员工足够的机会，让员工在不同的部门、不同的岗位上去做新的尝试。因为有可能在这个位置上不太合适，而在另一个位置上就会合适。

（4）解雇调岗后仍遭淘汰的人。

经过调岗后，仍不能胜任工作的员工，联想坚决地进行解雇。这样一来，对方也没有丝毫的怨言。

【人才宝典】 给新人足够多的机会展示自我，如果他们都不能适应岗位需要而遭淘汰，最终选择放弃。这样做，最大程度上照顾到了新人。

第四章
绩效考核，能力考评：
用量化的工作判断人才的价值

10 个人的时候，老板要走在最前面；1000 个人的时候，老板要走在最后面。一家大公司有成百上千名员工，老板不可能亲自指导每个人，必须借助"绩效考核"评判对方的能力，进而制定合理的薪酬。

1. 绩效考核的目的

在拟定绩效考核方法之前应该先了解，绩效考核的目的在于：

（1）设计一种公平合理的方式，在一段时间内，尽量客观地考核出个别的组织成员对组织的实质贡献（或者可以说存在价值）。

（2）确实让被考核的人能够了解考核的结果，以便依据此结果来修正自己的行为，提高对公司的实质贡献。

考核实质贡献时应注意两个重要的尺度,首先是实际完成工作的质与量,其次是对组织的无形贡献,包括对企业的认同态度、责任感、与其他人员的配合度和相处情况等。

这两个尺度是不可偏废的。就考核的方法而言,实际完成工作的质与量是比较容易精确计算的。至于无形贡献的考核,以利用无记名问卷的方法比较可行。但是在设计问卷时应以简单、明了及有效为准。

【人才宝典】 不同阶层和不同功能的人员,考核的内容也应该有所区别。例如:执行层次的人员和规划层次的人员就应该有不同的考核内容,而且考核期间长短应该适当,太长或太短都无法发挥考核的功能。

2. 考核究竟"考"什么

在美国东海岸的某一条街上,有一家著名的毛皮公司,公司的职员中有三人是亲兄弟。一天,他们的父亲要求见老板,并提出为什么三兄弟的薪水不同?大儿子的周薪是 350 美元,小儿子的周薪是 250 美元,而二儿子的周薪则是 200 美元。

老板听完后说:"现在我叫他们三人做相同的事情,你只要看他们的表现,就可以得出答案了。"

老板先把老二叫来,吩咐说:"现在请你去调查停泊在海边的 B 船,船上毛皮的数量、价格和质量都要详细地记录下来,并尽快给我答复。"老二将工作内容抄下来后就离开了。5 分钟后,他便回到老板办公室作了汇报,原来他是用电话向 B 船了解情况的。

老板又把老三叫来,吩咐他做同样的事情。1 小时后,老三满头大汗地回到老板办公室，一边擦汗一边汇报。他说他去了 B 船，同时，把亲眼看到的船上的货物数量、质量等情况作了详细的汇报。

最后，老板才把老大找来，吩咐他再去调查 B 船货物的情况。3 个小时后，老大才回到老板的办公室。他首先重复报告了老三的报告内容，然后说他已经将船上最有价值的商品品牌都记录下来了，为了方便老板与货主签定合同，他已经请货主明天上午 10 点钟前来公司一趟。返回的途中，他还向其他两家毛皮公司询问了货物的质量、价格等情况，并且已经请与这笔买卖有关的本公司负责人明天上午 11 点到公司来。

暗察了三兄弟的工作表现后，父亲高兴地说："再也没有什么能比他们的行动给我的答复更有说服力了。"

这件事说明了什么？它告诉我们，在对员工进行绩效考核时，不能简单的依据某一个标准，如工作的速度，人际关系好坏……而是要从多方面对员工进行"立体考核"，这样才能对一个人作出正确的评价。

【人才宝典】 杰克·韦尔奇在谈到绩效管理时说，绩效管理体制实施成功的企业不超过 10%。这种说法也验证在中国企业身上，企业管理者没有真正理解绩效管理系统的真实含义，没有将之视为一个系统，而是简单地理解为考核评估，认为考核评估了就是绩效管理。

3. 把收入和业绩挂钩

公司利益与员工利益哪个重要？都重要。先有员工个人利益的满足，再有公司共同利益的实现，在这种情况下，老板才是团体利益的集大成者。

为了鼓励员工创造性地开展工作，实现良性的竞争局面，公司要把收入和业绩挂钩，坚持多劳多得。在这一原则下，可以采用两种物质激励方式：

（1）收益分享

收益分享是一种为业绩提高作出贡献的员工作出回报的支付手段，是让工作单元的所有员工共同分享的"收益"。作为鼓舞人才干劲的策略，收益分享是一种出色的方案。它营造了促进员工参与性的公司文化。

（2）利润分享

利润分享能够提升员工的生产积极性，提高工作效率，减少员工流失数量。如果把个人的薪酬与公司的业绩挂钩，员工会做得更尽力。由于在利润分享制度之下，利益是集体性的，员工之间会更乐于互通信息，分享资讯，使公司成为一个群策群力的团队。

【人才宝典】　　每个人都与公司的利益密切相关，员工的付出得到回报，利益有了保证，他们才会为公司卖命。

4. 建立激励计划并执行下去

激励计划的实施结果与宣传鼓动工作密切相关。建立一个激励计划，是对员工进行激励行动的前奏，而激励计划的宣传与管理工作则是使该计划达到预期效果的有力保障。

（1）使整个计划的实施有一个激动人心的开端。老板必须要为你的激励计划大造声势，让员工被激励起来，随时随地注意计划的进展。

（2）让中层管理者切实了解计划的规则，清楚该计划对他们提出的要求。中层人员可以在员工中成为潮流的引导者，赢得他们的支持，使大家最终参与到该计划中来。

（3）必要时，可以出席计划开始执行时的"造声势"活动以及完成后的发奖活动，这样可以最大程度激发员工的斗志。

（4）在计划执行期间，要对整个计划的实施实行监测，并提供相关的报告。这是对你的激励计划实行的最有效的管理，可以通过你或你得力的员工共同来完成。

（5）计划目标实现之后，一定要找一个适当的时间及时开一个隆重的庆功宴会或总结表彰会。

【人才宝典】　　制订一个既易实行、效果又好的激励计划，需要满足下面这些条件：具体、有限期、具备经济性、简洁生动、有弹性、要有侧重。

5. 绩效考核的三个标准

进行绩效考核，首先当然要确定一个标准，作为分析和考察员工的尺度。这个标准一般可分为绝对标准、相对标准和客观标准。

（1）绝对标准。

绝对标准是以如出勤率、废品率、文化程度等客观现实为依据，而不以考核者或被考核者的个人意志为转移的标准。

（2）相对标准。

相对标准是采取相互比较的方法，此时每个人既是被比较的对象，又是比较的尺度，因而标准在不同群体中往往就有差别。比如规定每个部门有两个先进名额，那么工作优秀者将会在这种比较过程中评选出来。

（3）客观标准。

客观标准则是评估者在判断员工工作绩效时，对每个评定项目在基准上给予定位,以帮助评估者作评价。

　　【人才宝典】　　制定绩效考核标准时,要针对不同岗位的实际情况,对不同职位制定不同的考核参数,而且尽量将考核标准量化、细化,多使用绝对标准和客观标准,使考核内容更加明晰,结果更为公正。

6. 走出绩效考核的误区

　　对于绩效考核,许多老板在认识上存在着许多误区,比如将月度绩效考核等同于绩效管理。像这样的误区,还表现在以下几个方面。

　　(1) 照抄照搬,盲目模仿。

　　企业的管理体系必须充分考虑企业的特点、发展阶段、战略目标、员工知识、技能、能力等。不顾企业自身特点,盲目模仿、沿用其他企业管理实践只能导致水土不服。

　　(2) 绩效管理是人力资源部门的事情。

　　绩效管理是每一个管理者日常工作中最重要、最基本的组成部分。他们把绩效管理简单地看成填一些表格,把绩效管理仅仅看成是人力资源管理部门的事情。这是很不对的。

　　(3) 把绩效考核简单化。

　　不少企业管理者把绩效考核的目标和用途简单化,对于他们来说,“考核=打分=发奖金”。但是,绩效考核的目标是多重的,考核的结果更要广泛地运用在员工招聘、培训和发展、晋升等人力资源管理系统中。

　　(4) 忽略绩效反馈。

　　绩效管理的最根本目标是不断提高员工和企业的绩效,因此绩效反馈无疑是更重要的一环。忽略绩效反馈环节，把绩效管理静止化地对待的思维和实践对企业不断改进和提高的杀伤力极大。

【人才宝典】　　绩效考核最重要的一点就是让每一位员工参与进来，在接受他人考评的同时，不仅可以对自己的工作进行考评，同时还可以考评同事和上属，做到考核面前人人平等。

7. "能力"是主要考核指标

考核员工，首先要把"能力"作为主要考核指标。因为这样才能找到独当一面的人才，让左膀右臂为你分忧解难。在通用公司内部，非常注重实绩考核，实行"能力主义"。

按照公司的规定，每年年初，包括韦尔奇在内的每个人都要制定目标工作计划，确定工作任务和具体工作制度。这个计划由主管经理审批并与本人协商确认后予以执行。

每三个月进行一次小结，核查执行情况，并由经理写出评语，提出下一步工作改进要求。到年底做总的考核，先由本人填写总结表，按公司统一考核标准衡量自己一年来的工作完成情况，交主管经理评审。

管理者根据职员表现情况确定其等级，并写出评价报告，对被评为杰出者还要附上其贡献和成果报告，提出对他们的使用建议和使用方向；对等级差的职员也要附有专门报告和使用建议。职员的评价报告要经本人复阅签字，然后由上一级经理批准。中层以上经理的考核要由上一级人事部门和集团副管理者批准。

【人才宝典】 考核工作时,老板应作充分的思考,明确考核的目的所在,在评分时亦全面考虑下属的资历、职位性质、工作气氛等因素,尽量令考核工作报告公平和客观。

8. 在考核中挑选干将

在考核中选拔得力干将,需要把考核结果与工资、职务晋升紧密结合在一起的。基于此,考核标准可以设定为五个等级,它们是:

(1) 第五级——杰出。衡量人才是否杰出的标准,即精通业务、处事稳妥,极具开发潜力。

(2) 第四级——优秀。在执行和完成具有挑战性工作目标时工作出色;每一项课题或工作都能及时、彻底完成,成绩比预期的要好;非常能胜任本职工作,工作能从全局出发;工作中值得信赖,只需要有限的辅导和监督。

(3) 第三级——良好。工作称职,具有足够的潜力去完成交予的任何任务,是承担项目的主要业务骨干;工作结果在质量和数量上都较好,不需要过多的辅导和监督。

(4) 第二级——及格。满足起码的工作要求,但要改进;具备做该项工作的基本知识,但不具备独立工作的能力;如果适当地给予某些指导,帮助其改进工作,让其有进取的余地,有可能成为好职员。

(5) 第一级——不合格。不能满足工作的最低要求,经常出错;工作缺乏动力,节奏慢,过分依赖于辅导和监督;缺乏必要的知识,自己不知道如何去做好工作,即使在工作要求很明确和具体的情况下,也不能圆满地完成任务。

【人才宝典】　　人才测评是一项复杂的工作，必须基于人才考核进行。考核充分、科学、合理，老板才能在此基础上选拔良将，授予职位。

9. 关注人的实际贡献

考核是必要的，但是老板还要明白一点：无论多么精密的考核方法均很难绝对公平合理，也无法完全精确地考核出每个员工的实质贡献度。因此，在绩效考核的基础上，老板还要切实掌握人才的实际贡献，从而对其能力给予正确的评估。

（1）把评估建立在备翔实可靠的资料上。

无论老板在评价员工时多么谨慎，结论中还是经常反映出领导的偏见与缺点。当老板对员工某一性格特征的评定影响到对该员工的其他性格特征的评定时，就会出现晕圈效果。还有，要当心过于宽松或过于严格的倾向。

因此，在对某些事情或个人进行评估之前，老板必须具备翔实可靠的资料，全面回顾过去一段时间的工作情况，并且明确自己的态度，保持警惕，不让个人感情影响评估的公正性。

（2）客观公正让员工最服气。

对员工进行评价时一定要注意以下两点：第一，不要因为员工最近犯了一次错误而抹煞他这几个月来的工作成绩；第二，不要图省事随便给员工过高的评价。

客观公正的评估，让员工服气，也有助于他们检查工作中的疏漏，改进工作方法，从而真正提升工作效率和效益。这是考核的真正价值所在。

【人才宝典】　　员工倾向于过高评价自己的表现。如果老板的评价低于他们的估计,他们就会失望、不满。员工无视老板的信息反馈,坚持高估自己的原因有二:一是反馈信息不够详细具体,二是不愿接受消极的反馈信息。

10. 绩效面谈:头脑要冷心要热

在你对你的下属的工作绩效有了初步的评判之后,就要及时与下属进行一次会面,以增进了解,帮助他们改进绩效。

进行一次成功的面谈,最好先设置一个具体的程序。掌握了这个流程,而后才能拿捏分寸,实现双方的默契。

(1) 确定面谈时间。时间一定要恰当,考虑到对方的情绪状态,最好是由你与员工协议商定。

(2) 决定最佳场所。安静、舒适、能够产生交流气氛的场所最为合适,如窗外有美妙风景的办公室、布置一新的会客厅等。

(3) 集中资料。将所有原始资料、表格归纳整理后,放入文件夹,以备面谈时随手可得,而不必中断或无所根据。

(4) 计划"开场白"。你的"开场白"就要用一种最恰当的方式让面谈的氛围与窗外美妙的风景、无限的风光融为一体。

(5) 计划采取的方式。为了让绩效面谈取得实效,老板必须掌握恰当的方法,这是面谈成败的关键。

(6) 计划面谈收场。对面谈的目的达成了满意的结论时,就可以适时地收场了。注意,你在收场之前一定要将改进计划与具体行动在已达成共识的基础上,再向员工重复清楚。最后,制成具体行动安排,一式两份,与员工共同关注绩效的提高。

【人才宝典】　老板在绩效面谈中要头脑冷静，坚持客观的原则，同时又要给予员工热心的帮助和鼓励，让他们见识你的真诚。

11. 绩效面谈的有效方式

一次成功的面谈之后，会使员工内心深处久久"荡漾"着这次面谈所产生的余波。为此，老板务必要熟练掌握绩效面谈的有效方式。

（1）可以先谈对方的优点，吸引其注意力，再谈对方需要改进的地方。这样容易被接受，并能建立沟通的良好开端。

（2）先由员工发表对评价的意见与看法，然后由你向员工逐渐解释疑点，注意与员工保持共识。

（3）直接由你引出评价结果，征求员工的意见，注意一定要悉心倾听，并与员工一道商讨改进措施。

（4）抛开评价，针对问题与员工展开讨论，然后顺势转回对员工的评价，以求获得改进上的共识。

【人才宝典】　因为一次成功的绩效会谈，员工发现了自身的优点与存在的问题，开始主动改变自己，争做优秀分子。

12. 用人不要光看考核表

各公司的人事考核表上，都印上很多有关处理事务的正确性、速度等评估项目，能够取得满分者才称得上是一位优秀的员工。于是，许多老板死守着这些评估项目，作为人事考核的依据。世上真有万能的考核制度吗？答案是否定的。

假如要让工作的准确度更高，那么必须花费许多时间增加磋商的次数，而不得不放弃速度的要求。有些下属力求快速而省去许多磋商，没有发生问题，只是纯属侥幸，或是因为他有丰富的经验和高超的技能。有些老板不加考虑，仅依据一张人事考核表，就凭着自己的主观意识而对部下妄下断言，那么很可能失去了对人才公允的评价。

简言之，在人事考核表上观察一个人的工作情形，合计各项评估的分数，这是没有多大意义的。老板应该实际观察，给予下属适当的工作，再从他的工作过程中观察他的处事态度、速度、准确性、成果，如此才可以真正测出下属的潜能。也唯有如此，老板才能灵活、成功地运用他的下属，促使业务蒸蒸日上。

对下属有了明确的认识之后，才能妥善地分配工作。一件需要迅速处理的工作，可以交给动作快速的下级，然后再由那些做事谨慎的下级加以审核；相反的，若有充裕的工作时间，就可以给谨慎型的下属去做，以求尽善尽美。若下属都属于快速型的，那么就要尽可能选出办事较谨慎的，将他们训练成谨慎型的下级。只要肯花时间，必然可以做得到。

【人才宝典】　优秀的老板在用人上有自己的一套，他们既看重考核表上的工作量统计，也注重员工在实际工作中是否热情、是否有团队精神。更重要的是，通过精神状态、团结协作等个性化的、细节的东西，才能让纸上的考核表活起来，形成对人才全面、立体的评判。

13. 掌握暗中考察人的技巧

肯德基是一家业务遍布全球的跨国企业，在美国本土的总公司如何管理远在千里之外的众多员工呢？除了严格的组织管理制度外，暗中考查下属是肯德基采用的有效策略。

有一次，上海肯德基有限公司收到了3份总公司寄来的鉴定书，对他们在外滩的快餐厅工作质量进行了客观的评定。公司管理人员面对这些文件疑惑不解，因为总公司从来没有派人到这里考察，怎么会有鉴定结果呢？

原来，肯德基总公司雇用和培训一批考察人员，以普通顾客的身份到指定的快餐店里接受服务，从而对服务人员和管理人员进行检查评分。很显然，提供服务的肯德基员工无法知道自己接受了考查和评价。就这样，"特殊顾客"完成了考查员工的任务，并对快餐厅经理和员工形成了一定压力，会专心把工作完成。

考查、识别人才的方式是多种多样的，除了正面的沟通外，通过暗中考查更能得到对人才公正的评价和判断。

（1）掌握从细微之处识别人才的方法。福特年轻的时候去应聘，走进面试房间的时候他发现地上有一片废纸，就毫不犹豫地弯腰拣起来，然后扔进垃圾箱。接着，主考官微笑着对他说被录用了。在这里，主考官就是善于从细微处发现了福特可贵的品格。

（2）把考查人作为一个动态的过程。以企业招聘为例，识别和考查人才不能局限于面试的那一刻；应该贯穿于日常管理工作，在使用人才的过程中考查对方，形成一种有效的互动。

【人才宝典】 每个人都会把自己优秀的一面呈现给对方，所以识别人才的时候要坚持暗中考查的原则，才能全面公正地评价对方。

第五章
薪酬设计，利益分享：给人才应有的待遇

财散人聚，财聚人散，老板要用分享的智慧留人。善于与人分享的老板，并不会使他们失去什么，反而使他们得到的更多。老板有了慷慨的名声，员工们更加安心效力，人才就会不招自来，这还愁没钱可赚吗？

1. 利益分配不是"零和游戏"

谈到薪酬设计、利益分配，许多老板自觉不自觉地站在了劳资双方对立的角度上。这一点，不足取。

表面上看，给予员工的报酬过多，那么雇主的剩余利润就会变少。如果在利润额既定的情况下，老板和员工的确进行着一场"零和游戏"。但是，智慧的老板会通过总额的增长来增加双方的收入，这种"增和游戏"要远比"零和游戏"轻松得多，也愉快得多。

在员工眼里，薪水是对上一期工作的衡量和报酬，而老板看重的是对下一期的激励作用。因此，老板给员工满意的薪水，有利于激发他们的干劲儿，确保在下一阶段创造更大价值，这实际上增加了公司利润额。

【人才宝典】　　在支付员工报酬时，一定要牢记员工的利益也正是你的利益所在。一旦认可了这种观念，你所获得的利润将远远大于你所付出的。

2. 工资水平影响绩效

薪酬对员工极为重要，它是员工的一种谋生手段，同时也能满足员工的价值感。因此，薪酬在很大程度上影响着一个人的情绪、积极性和能力的发挥。

研究表明，当一名员工处于较低的岗位工资时，他会积极表现，努力工作，一方面提高自己的岗位绩效，另一方面争取更高的岗位级别。在这个过程中，他会体验到由于晋升和加薪所带来的价值实现感和被尊重的喜悦，从而更加努力工作。

一项调查表明：所有的工作分类中，员工都将工资与收益视为最重要或次重要的指标。工资能极大地影响人们的行动（在何处工作及是否留下）和工作绩效。

此外，对薪资和其他外在报酬的抱怨，可能掩盖员工和所属组织间关系上存在的问题：如监督管理的状况、职业发展的机会、员工对工作的影响力和参与程度等。当出现报酬上的冲突时，老板总会得到很多的建议以对局势进行详细"诊断"；相反，他们很少相信这些问题可以由人事专家从薪资政策上加以解决。

因此，如何做到让员工将"薪"比心，让员工从薪酬上得到最大的满足，成为公司老板应当努力把握的关键。

【人才宝典】 满意的工资水平会帮助员工实现高绩效，这是每一位老板必须尊重的事实。

3. 先散财，再聚人，后成事

中国传统的儒商讲究"以德为本，以义为先，以义致利"，追求的正是一种"以和为贵，散财聚人"的境界。

很多老板一开始都不懂得充分的利用手中的优越的物质条件，去换取广大下属的拥护，总是抱财守缺，往往适得其反。

让每个人都在物质上有保证，把人际关系理得顺顺当当，从而让自己的生意兴旺起来，这是"千金散去还复来"的智慧和勇气。可以说，善于"散财"，不一味的"聚财"，不但会成就你的事业，也会成就个人的声望。

日本一些做得很成功的全球性大企业，最初的创办人家族股份如今所占比例其实已经很少，甚至不再是大股东。

很多人与人合伙作生意，结果不欢而散。那是因为，极个别的人收敛了财，结果人散了，大家的财路都断了……

有些人和朋友一起投资、做生意，按股份分，按付出分，大家平等！有些老板给雇员股份，企业做得长，做得久，做得好……

"财散则人聚，财聚则人散"，许多老板不是不明白，而是不愿意践行，自己兜里的财富，谁都不愿意往外掏，或者说能少掏一点是一点。而总有一些悟性好的老板因为意识到了分享的重要意义，并把它作为一项重大的责任，忠实履行这项责任，结果，他们的事业一步步走向了辉煌。

【人才宝典】　　散财不是"败家"，而是为了聚人，从而达到聚财的目的。

4. 两种常用的薪酬方案

（1）内在报酬，外在报酬。

内在报酬，是基于工作任务本身的报酬，如对工作的胜任感、成就感、责任感、受重视、有影响力、个人成长和富有价值的贡献等。

外在报酬，主要指公司提供的报酬、津贴和晋升机会，以及来自于同事和上级的认同，是外界对员工的一种肯定和物质认可。

（2）报酬四分法。

"报酬四分法"主要是根据岗位等级设立的工资标准，包括基本工资、奖励薪资、附加薪资和福利4项内容。

①基本薪资，是以员工的劳动强度、劳动熟练程度、工作复杂程序以及责任大小为基准，根据员工完成定额任务（或法定时间）的实际劳动消耗而计付的薪资。

②奖励薪资（奖金），是对员工超额完成任务以及出色的工作成绩而计付的薪资，其作用在于鼓励员工提高劳动生产率（或工作效率）和工作质量。

③附加薪资（津贴），是为了补偿和鼓励员工在恶劣工作环境下的劳动而计付的薪资。

④福利，是为了留住员工或维持骨干人员的稳定而支付的一种补充性薪

资，包括法定社会保险、带薪休假、优惠住房、免费或折价工作餐、生活用品的发放等。

【人才宝典】　　不同公司对采取何种薪酬体系存在许多差异，最重要的一点是，薪酬必须能够激发员工干劲儿。

5. 工资要高于社会标准

工资是员工生活的收入来源，也是一个人能力大小的价值表现。老板要设法使员工的工资收入高于社会一般标准，至少高于同类企业员工的工资水平。这不仅能够提高员工的士气，还能够吸引社会上有才华的人。

（1）别担心高工资影响公司利润。

许多公司对工资的水平把得很严，不敢大刀阔斧地提高，这除了自身的财力有限外，还与老板的观念有关，那就是生怕高工资降低公司利润。

（2）工资要有上涨的幅度。

有一些公司为了吸取新人来公司工作，把起始工资定得很高，以后很少再提高工资，于是辞职的人逐渐增多。

（3）适时修订工资方案。

老板要及时掌握公司的工资水平属于同行的哪个档次，员工对工资有什么想法，等等。然后，根据这些情况来决定修订工资的方案，健全基本工资制和职能工资制。

【人才宝典】　　员工的工资不是老板付给的，而是从顾客那里赚来的，员工应该感谢的是顾客。如果老板能有这样的想法，又经常说给职工听，这个公司就能发展。

6. 决定起薪的六个要素

公司招聘人才，引进新鲜血液的时候，最感头痛的是起薪应该如何确定。在此，老板可以把握下面六个要素。

（1）生活费用。

对一名刚从学校毕业的大学生来说，生活费、租房费用、交通费都是要考虑的要素。对已有经验的从业人员来说，除了个人生活费，还要考虑家庭生活所需的开支。

（2）应聘者的实际能力。

对于同一职位的应聘者来说，实际能力的差异是决定起薪的重要因素。因此，起薪应该保持一定弹性，标准不能过于严格。

（3）人才市场的供求关系。

当某一专业的人才供过于求时，起薪维持在一般水准即可；反之，则要保持一定的竞争力，以便招聘到优秀的人才。

（4）最后工作的职务与薪酬。

对于跳槽者来说，起薪的决定应该考虑到上一次工作的最后职务与薪酬。如果过低，会造成新进员工的落差心理，打击其自尊心，从而影响到其绩效发挥。

（5）与在职从业人员的薪酬保持平衡。

在一个公司里，起薪应与在职人员保持平衡，否则遇到加薪时就会产生困难，或者引起员工的不满。

（6）公司的支付能力。

支付较高起薪的公司，对支付能力要求很高。如果公司没有这种实力，就不要打肿脸充胖子。起薪总的原则是，量体裁衣，从实际情况出发。

【人才宝典】　公司招聘员工的来源主要有两个方面，一是学校的毕业生，二是已有工作经验的从业人员。两者的起薪水平是不同的，老板要把握好具体的差异。

7. 把握好加薪的幅度

（1）进行薪金调整时，要尽可能使数字合理。

如果这一次薪金增加得太多，也许造成"再来一次"的要求。如果你第二次的建议加薪数字低于第一次，那位员工会认为你侮辱了他。

（2）特殊加薪时必须有充分的说明。

面对一次特殊的加薪，老板必须对这位员工解释一下，这一次为什么增加的数字是这么多，并不是下次加薪的先例。

（3）考虑加薪数字时，不能把员工的需求作为主要因素。

如果根据员工的需要决定加薪的数字，那最贫困的员工应该增加得最多。如果这位员工的确是最令人满意的，那不成问题。如果他的表现是一般性的，那盲目加薪就是不可取的。

【人才宝典】　薪金的调整一定要严格按照员工的工作成绩作出决定，绝不能利用你管辖下的薪金数字去解决员工的社会性问题。

8.人才价值是定薪标准

依据价值来定价格，这是一个规律。不过，老板要清楚地意识到：人才的价值是在变化的，应根据价值的变化灵活决定他的薪水。人才价值变化有以下两种情况：人才的贬值，非人才的升值。

（1）人才的贬值

所谓人才贬值，就是原先具有较高自身价值的人，由于各种复杂的主客观原因，或者停止输出价值，或者输出的价值有缺陷，从而导致人才价值降至"低值"水准以下的现象。

引起人才贬值的原因是极其复杂的。老板应该运用这一人才学的基本原理，揭示个中奥秘，找出贬值原因，为各类人才的健康成长创造有利的条件，从而消除这一常见的现象。

（2）非人才的升值

非人才升值，就是原先具有较低自身价值的非人才，由于各种主客观原因，在价值输出中得到超水平发挥，从而出人意外地显示出较高的人才价值的一种积极人才现象。

关注人才升值现象，有助于老板在用人行为中，自觉地为实现下列目标而努力：鼓励部下以勤补拙，积极发挥其应有的作用；巧妙地用非人才替代人才发挥显著的人才效能，等等。

【人才宝典】　造成非人才升值的原因，主要有：非人才以勤补拙，主观上愿意付出大量的艰苦劳动，从而促使价值输出量成倍增长；在外因的启发诱导下，非人才采取适当的价值输出方式，大大减少了价值输出过程中的损耗；在外力作用下，非人才碰上了千载难逢的升值机遇，利用好了就能使自己的价值升高。

9. 增加满意度，关键在公平

薪酬激励是激励员工的重要手段之一，但在实践中，人们对薪酬的理解和认识却仍不清晰，甚至不正确，以致陷入了种种误区。

有人说，员工的薪酬越高，他的满意度就越高，也就越能激励员工努力工作，从而提高工作绩效。但是，要注意一点，高报酬并不必然导致员工满意度增加，因为在报酬与满意度之间还有一个重要的因素，即个人的公平感。报酬高并不意味着员工对所获报酬觉得公平。

如甲、乙两人均是业务经理，在同一家公司从事类似的工作，甲被大家公认为业绩远远超过乙，如果甲、乙获得同样的丰厚报酬，那么甲的满意度将会大大降低，因为他产生不公平感。这种不公平感将会使甲的满意度大大降低甚至为零，从而引发道德上的问题，诸如甲以后可能不再努力工作，甚至离开公司。

由此可见，报酬高，员工的满意度并不一定会增加，关键在于员工对报酬的公平感。从某种意义上说，员工对报酬的满意度是期望值与实际收入的函数，当员工将他们的工作经验、技巧、教育、努力同他们所获得报酬相比较时，满意与不满意的感受就产生了。

【人才宝典】　给员工加薪的时候，一定要坚持公平、公正的原则。一旦有人知道了不公的真相，必然消极怠工，这对公司发展是极为不利的。

10. 善待员工，绝处逢生

美国阿姆斯壮国际公司是一家具有近百年历史的国际公司，在蒸汽系统专业有核心竞争优势。在公司发展历史上，有一个感人的故事，已经成为人们津津乐道的话题，那就是"125 000美元的感谢"。

1987年，美国经济遭遇了大萧条。阿姆斯壮国际公司的领导人第一次冻结了员工工资，希望借此度过艰难的一年。

阿姆斯壮国际公司的员工毫无怨言地接受了这一事实。他们没有抱怨，而是主动和公司站到了一起，大家同舟共济。在许多人看来，这是回报公司的最佳时刻。

过了几个月，人们发现这次经济低潮没有想象中的那么坏，阿姆斯壮国际公司的经营业绩也没有出现大的波动。于是，公司领导人决定把原来所欠的工资补发给大家，并且给每个人长400美元的工资。

与以往不同，公司领导人并没有用支票来支付增长的工资，而采取了现金的形式。那一天，员工被召集到大厅。公司董事长站在一张堆满钞票的大桌子后面，充满感激地对大家说："由于阿姆斯壮的经营比预期的要好，公司决定要和大家一同分享这份好运。"

董事长靠近堆满了10美元钞票的桌子，125 000美元足足堆了两英尺高。接着，大家一个接着一个走上前，与公司董事长、经理们握手。接到钞票的那一刻，大家都听到公司领导人在说同一句话："感谢你对公司的理解和支持！"

【人才宝典】 老板善待员工，在薪酬上不亏待大家，日后必然得到回报。这就是欲取先予的道理。

11. 与员工分享利益

商场如战场,公司在激烈竞争中能够不断地发展壮大,财源滚滚而来,老板实在是功不可没。他们理应获得丰厚的回报,自己多得一些。然而,一个高明的老板,不会把利益鲸吞,而是采取利益分享的策略激励员工。

(1) 利益分享是最佳的激励策略。

老板要想得人心,应当忠实地实施利益分享的原则。利益分享——这是当今时代的一条重要的用人原则,也是对员工的一种激励策略。

(2) 贪心的老板无法把公司做大。

有些自以为聪明的老板,喜欢利益独吞。久而久之,员工得过且过,抱着所谓"不求有功,但求无过"的心理应付了事。能人变庸人,公司不被挤垮才怪呢!

【人才宝典】　　慷慨地与下属分享劳动所得,分享成功收获,必然会得到更多的回报。老板有了慷慨的名声,员工们更加安心效力,人才就会不招自来,不愁赚不到钱。

12. 留住最佳业绩贡献者

伯尔克公司是一家全球闻名的商业研究和咨询公司。自 1931 年创立以来,该公司一直帮助制造和服务业企业理解及准确预测市场行为,并以精湛的分析能力和前沿的研究方法著称于世。

多年以来，高效咨询师群体是该公司最宝贵的资产。那么，这家公司是如何应对"工资攀升"现象，留住高端人才的呢？

伯尔克公司的薪酬计划由三部分组成：基本工资、绩效工资和业务推荐佣金。具体来说，薪酬内容包括以下内容。

（1）高效咨询师的基本工资考查的是年固定成本，其级别划分相对较少，每年根据价格指数可能进行调整。

（2）绩效工资是薪酬构成的浮动部分，与员工个人的年度财务贡献直接挂钩。随着不断增加的个人财务贡献，当事人会收到与之相对称的绩效工资。

（3）绩效工资计划对业务推荐和销售支持活动的结果提供额外的奖励。业务推荐是指业务开发领导为公司的其他部门提供的客户开发机会或项目建议。销售支持指一位高级咨询师开展的有助于另一位咨询师完成任务的任何工作。

通过采用这种薪酬体系，高级咨询师留下来，成为伯尔克公司"协作和改进公司成长能力"理念的推动者，最终确立了公司的市场领导地位。

【人才宝典】　满足人才的自我发展需要，帮助他们实现自己的梦想，公司才会真正留住人才。

第六章
用兵要狠，爱兵要深：
老板既要有菩萨心肠，也要有霹雳手腕

大胆任用，放手让部下开展工作；令行禁止，让员工无条件服从。老板有一股狠劲儿才能撑开场面。另一方面，老板还要爱护部下，给予帮助、支持和理解，这就是"爱"。只有"狠"而没有"爱"，老板就会把"兵"当成向上攀爬的工具；只有"爱"而没有"狠"，老板就无法指挥全局，孤掌难鸣。

1. 当家人要软硬兼施

身为公司带头人，老板要考虑的元素太多了，有普通员工的，还有中层干部的，甚至还有股东的。因此，遇事能够软硬兼施、能屈能伸，才能妥善应对各种场面。

（1）适当时动动刀子

下属犯了错，老板应适时动动刀子，让对方心里产生警戒，促使他们尽心尽力地工作。下属受处罚是其所犯过错应得的结果，而不是你意气用事或泄私愤的结果。

(2) 勇于承担自己的过失

老板要有承担责任的勇气。在发现自己的错误后，要勇敢地承担起来，给下属一种勇于负责、有气度、心怀宽广的形象。诸葛亮在马谡失街亭后，自贬三级，以惩罚自己用人失察之过。这种做法并未降低诸葛亮的权威，而是使周围的人更加心服口服。

【人才宝典】　　该软的时候，懂得放下身段；该硬的时候，能够挺起胸膛。有了这种气度和魄力，老板带领部下纵横商场就可以所向披靡了。

2. 让员工无条件地服从

有的员工很难驾驭，且行为非常极端，会做出一些有损公司形象和利益的事情。管理这样的员工，老板必须有点"手腕"，不能轻易对他们做出让步，否则他们只会得寸进尺。

(1) 服从是员工的第一要务

如果一个下属不能无条件地服从上司的命令，这样的团队必将走向失败；反之，则能产生强大的执行能力，取得巨大的成功。老板要谨记："不找借口服从并执行的员工才是最好的员工"。

(2) 老板要确保令行禁止

大部分不受欢迎的老板都有一个毛病：言行不一致，说一套、做一套。当家人说话算数，员工才能令行禁止，听从指挥。

【人才宝典】　　战场上，军令如山倒，而服从命令是军人的天职。面对军令，不管前面是万丈深渊还是刀山火海，军人唯有服从，没有半点退缩的余地。老板带领大家决战商场，也要确保员工无条件地服从，绝不能打退堂鼓。

3. 精打细算的用人心计

在残酷的市场竞争中，当许多公司因为人事争斗而垮掉时，联想却早就完成了人事布局。这都有赖于柳传志出色的用人战略。

20 世纪 80 年代初，柳传志聘请科学家倪光南加入联想，共同创业，结果研制出"联想汉卡"和"联想微机"，奠定了联想发展的基础。为了取得这些成果，柳传志为倪光南开设了许多优惠条件，带动了联想的起步。

公司需要不断发展，柳传志谋划着联想长远的未来。但是在技术投资方面，他与倪光南发生了冲突。最后他坚持自己的发展战略，引起倪光南的不满，两个人发生了深深的误会，后来倪光南离开了联想。

后来，柳传志南下香港，充分利用商人吕谭平的资源和人脉，给联想设计出一套适合长远发展的制度架构，使得联想进入了快速发展阶段。但是擅长国际市场运作的吕谭平的管理能力跟不上联想的发展，香港联想分公司出现了严重危机。面对这种情景，柳传志只好临阵换帅，把希望寄托在孙宏斌、杨元庆和郭为等年轻一代的身上。

果然，几个"娃娃少帅"不负众望，他们凭借敢打敢拼的劲头、依靠自己的聪明才智使联想发展成为中国 IT 公司的老大。后来，在国际化的发展冲动中，柳传志意识到人事安排不到位会给公司发展带来致命威胁。于是他提早安排，把联想一分为二，有了今天的联想集团和神州数码，而柳传志则成为联想控股的大老板。

联想的经验表明，公司做强做大必须有长远的人才规划，老板则必须在用人选择上硬起心肠。善于谋划，坚决果敢，精打细算，关键时刻才有人可用。

(1) 树立对人才的重视，学会识别人才。"人"是一本智慧之书，蕴涵着许多学问，老板尤其需要读懂"人"这本大书，善于甄选有价值的人才。

(2) 掌握与人沟通的有效方法，学会驾驭人才。培养精打细算的用人心计，需要老板具备"领导"才能，使他人愿意听你训导，按照你设定的目标前进。

【人才宝典】　　市场竞争是残酷的，这需要老板能够未雨绸缪，在人力资源安排等方面具备深谋远虑、精打细算的"心计"。

4. 老板要敢于说狠话

当年，马云喜欢夸下海口，有人笑他吹牛。但是当他的战略一步步变成现实，人们开始竖起耳朵听他讲话。由此可见，只要你敢于说狠话，并且能够说到做到，就会成为了不起的人物。

(1) 给员工下最后通牒。

完成客户的任务，都会有时间限制。因此，安排工作进度的时候，老板一定要下最后通牒，规定最后完工的时间，坚决不能模棱两可。

(2) 动员大会上表现出领导的力量。

面对成百上千的员工，老板在誓师大会上做演说，尤其需要说几句狠话，鼓舞人心，让大家感觉你是主心骨。这样才能表现出老板的力量。

（3）对违规的员工给予威慑。

有人违反了工作纪律，老板必须表现出严苛的一面，坚决实施惩戒，这样才能对更多的人产生威慑，以儆效尤。

【人才宝典】 生意场上，博取的是利益。老板代表的是公司，所以紧要时刻必须站出来说狠话，不需要回避，该宣传时无须躲闪，该夸下海口的时候请出口。

5. 有时候必须"独断专行"

提到"独断专行"，通常给人"不考虑别人意见"、"办事主观蛮干"的印象，让人产生"专横跋扈"、"一意孤行"的联想。

显然，老板应该杜绝独断专行的办事方法，善于集思广益，群策群力。但是有时候，对待某些人、某些事，"独断专行"又是非常必要的。

（1）有全局观念

老板要站得高，望得远，善于掌握事物的发展规律，按照事物的连续性，因果性的联系，预见未来的发展趋势。

（2）有多谋善断的能力

对老板来说，具备选择最佳方案的决策能力，有风险决策的精神、有当机立断的决策魄力，都是不可缺少的。

（3）有指挥他人的手腕

关键时刻独裁，仅仅发布命令还不够，最重要的是必须具备组织指挥能力，让人听你的话。也就是说，你对命令之下的办事人员，要有效管理和控制的能力。

【人才宝典】　　老板成为一个牢牢控制、支配和驾驭全局的核心人物，是一个在公司具有强大凝聚力和吸附力的"内核"，那么你的"独裁命令"才会得以贯彻执行，最后变得有价值。

6. 卧榻之侧，不容他人鼾睡

公司是一个名利场，人们为了利益聚集到一起，难免产生各种矛盾和争斗。尤其是在大公司里，人事关系错综复杂，部门利益纷争，老板最需要警惕大权旁落。

公元960年，赵匡胤建立宋朝，他采取各个击破的战略，先后攻灭了荆南、湖南、后蜀等国。974年，他召南唐后主李煜到汴京朝见。李煜担心自己被扣押，就派徐铉到汴京求和。宋太祖直截了当地说："卧榻之侧，岂容他人鼾睡。"

自己的床铺边，怎么能让别人呼呼睡大觉？显然，赵匡胤要一统天下，绝不允许李煜的政权存在，这样才能实现江山永固的局面。卧榻之侧不容他人鼾睡，就是人们为了自己的势力范围或利益不被侵占，而采取的防御之策。

那么，老板在用人上应该如何做好防范对策呢？

（1）不让核心人物成为潜在威胁。

老板身边往往配备了左右手，重要部门则安排了负责人，这些核心人物必须对公司忠诚，对老板忠心，否则会带来大麻烦。

（2）提早布局，让自己更安全

有些人物，当下未必是个危险的对手，但是在未来某个时刻，却可以给你带来致命伤害。这就需要老板提早布局，想好牵制之策，或趁对方羽翼未丰之时早出手，奠定日后的胜算。

【人才宝典】　　在争权夺利的江湖上，老板要维护好自己的利益，对那些企图侵犯自己利益、威胁自己利益的一方，须严加防范。

7. 把不称职的人扫地出门

商海之中，由于竞争的残酷，慈善行为的生存空间是十分有限的，你不可能总是对那些不能完成工作的人，都提供一种慈善性的宽容。当你觉得这类下属无可救药时，应在他导致灾难性后果之前将其解雇。

（1）不称职的人会拖后腿。

有的员工不具备跟随团队作战的能力，即使提供训练也无法达到要求，必须对他们采取措施，包括调离、解雇等。老板要做的是，严格按照既定方案执行，不要抹不开面子，更不能下不了狠手。

（2）不称职的人会引起他人不满。

对于公司的某些问题，有些下属可能比你知道得更早、更清楚，他们期望你能采取行动，包括解雇那些拖后腿的同事。如果你忽视了那些不良行为，并且不能正视和面对表现很差的下属，你的信任度将会受到极大影响。

【人才宝典】　　商业世界里奉行成王败寇的生存逻辑，员工无法做出成绩，不能给公司带来价值，就要接受惩罚。

8. 用兵要狠，爱兵要深

老板难当，公司的正常运营需要老板有铁腕手段，员工敬业勤勉需要老板大爱无疆。这其实就是"用兵要狠，爱兵要深"的道理。

（1）狠：从大局考虑做事

老板要"狠"，必须从公司战略、团队利益的角度考虑问题，既要大胆任人、不论亲疏，也要果断裁人、该罚则罚。如此一来，整个公司才能紧张有序，焕发出勃勃生机。

（2）爱：用关爱保持人情味

公司的制度和规则有时候给人冷冰冰的感觉，而员工是有血有肉的人，因此老板要懂得关爱部下，照顾到他们的感受，体察他们的需求，不让公司失去人情味，赢得人心。

【人才宝典】 慈不掌兵，老板必须硬起心肠，驱动下属做事。同时，老板又必须把握人心，让大家知道你是爱他们的，特别是处于危难的关头，一定要为他们设置好一顶顶保护伞。只有这样，公司才会有整体的发展。

9. 菩萨心肠，霹雳手段

一个老板，没有强硬的手段，便没有权威；相反，只有霹雳手段而缺乏"菩萨心肠"，员工也不会心服口服，只能算是被你所制伏。这样，你的权威也会大打折扣。

(1) 在原则性的问题上硬碰硬

经营者在管理上宽严得体是十分要紧的。尤其是在原则和法规面前,更应该分毫不让,严厉无比;对于那些违犯了法规的,就应该举起钟馗剑,狠狠砍下,绝不姑息。老板要建立起威严,才能让员工谨慎做事。

(2) 原则之外学会以柔克刚

为了增强管理效果,老板还要学会循循善诱。以温和、商讨的方式引导员工自动自发地做事,也是领导的真本事。

【人才宝典】 老板在控制下级时,既不能过宽也不能过严,要宽严相济、宽严适度。既不能使下属傲慢妄为,又不能使下属笨手笨脚、顾虑重重。既能大胆放手,使下属有所作为;又能把握方向,客观控制,使下属有所为。

10. 困难时期更要慷慨

经营者付出越多,得到的回报越大,若只想别人给予自己,自己却难舍小利,那么"得到"的源泉终将枯竭。

(1) 再困难也要给员工发工资。

公司难免会遇到资金周转不过来的时候,有的老板会拖欠员工工资,或者降工资。人是最宝贵的,想办法不克扣工资,让大家生活无忧,才会有人干活,度过危机。更重要的是,员工知道你这么做了,会给予更大回报。

(2) 老板自掏腰包解决公司财务危机。

公司有独立的财务体系,和老板的私人财务支出是分开的。但是,遇到公司财务紧张的时候,老板有必要自掏腰包解决公司财务危机。相信员工看到这一点，会理解老板的良苦用心。

【人才宝典】　　公司的凝聚力离不开老板的"侠义"和"慷慨"，这是现实的需要，也是御人的手段。

11. 解除老员工的后顾之忧

香港长江实业集团大老板李嘉诚说："一家企业，就像一个家庭，这些员工是共同创业的功臣，现在他们老了，作为晚一辈，该负起照顾他们的义务。"

（1）循序渐进。

一次性的人事变动不宜过大，先处理少量极不称职的创业员工。一来会对其他创业员工形成警示，促进他们的自我改变和素质提升，二来也不至于造成人事地震，从而危及企业的正常经营和安全发展。

（2）降职调任。

在拥有干部能上能下机制的公司较容易做到这一点，如果没有这种机制，那只好多多沟通，只要沟通得法，安置得当，相信这些员工还是能够理解和服从的。

（3）劝退处理。

实在有些创业员工不能适应新的发展，甚至对公司造成负面或阻碍影响，那就需要劝退，除了多做思想工作和深入沟通之外，合理的补偿和生活保障必不可少。

（4）强制执行。

无论降职、调任，还是劝退，通常都会遭遇阻力，但如果势在必行，那也只好强制执行了。有些老板会担心创业员工的报复行为，如散布谣言，泄露秘密，甚至翻出不为人知的企业老底等，但事情到了这种份上，只能硬着头皮面对。

(5) 建立机制。

这也许是最好的一种方法。机制的种类包括很多，诸如制度、股权、管理结构等方面。如果能够尽早建立一套完善的机制，大家都会有章可循，处理起这类事来，自然就会轻松许多，对于历史遗留问题，可以等机制实施运转之后，再妥为处理。

【人才宝典】 安排好公司的老员工，解除他们的后顾之忧，不但能处理好人才退出问题，也能让新员工看到公司善待老员工的笃厚的公司文化。

12. 大家是一个队伍里的人

对老板来说，在日常经营管理过程中，把自己扮演成"我们是一个队伍里的人"，往往能获得对方的认同，尽得人心。

吴起是我国古代军事家，智谋超人，善于用兵，给后人留下了《吴子兵法》一书。在《治兵》篇回答魏武侯"兵何以为胜？"的问题时，吴起说："统帅能与士卒同安乐、共患难，就能与军队团结一致不离散，从而形成一个利益共同体，可以连续作战不疲惫，无论用它指向哪里都不能阻挡，这叫做父子兵。"

吴起是这样说的，也是这么做的。有一次，一个士兵身上长了毒疮，吴起就用嘴给他吸吮疮脓。结果，这位士兵和其他将士都深为感动，大家同仇敌忾、奋勇杀敌，极大地增强了团队战斗力。从中可以看出，吴起之所以能够每战必胜、震惊诸侯，是因为他能够与大家共安危，打成了一片，而不是高高在上、鹤立鸡群。

老板要和员工打成一片，关心他们的工作生活，帮助他们解决困难。那么，每个人就会信任老板、倚重老板，从而安心做事，帮助老板成大事。

【人才宝典】　老板财富再多、地位再高，也要放下身段与大家搞好关系、打成一片。做人的时候，善于合作、不搞小圈子，才能融入大家庭；做事的时候，顾及对方利益、懂得合作共赢，才能深得人心。

第七章
人才匹配，团队优势：
淡化英雄主义，强调集体协作

请牢记松下幸之助的一句话："领导者再强，但员工冷淡，仍难推动工作，必须设法使每个人都自认为自己是负责人。"

著名的企业家山姆托伊说："若能使员工皆有归属之心，这种精神力量将胜于一切，只有靠整体作业人员的彻底向心力，以企业的盛衰为己任，才能使企业臻于成功之境。"

1. 靠团队而不是靠个人

一个团队的发展，是周而复始的阶段。在每一个阶段中都要努力去维护，使大家能够在提高绩效的过程中很积极、很投入，老板应尽量做到：

(1) 将团队的表现作为最高的表现，而不是强调个人的英雄主义。

(2) 鼓励团队成员之间充分沟通，愿意表达，愿意分享。

(3) 让每个人都产生互相依赖的感觉，发展一个好的关系。

(4) 如果有问题发生时，应查明情况，立即处理。

(5) 提供资源和协助，帮助全体成员成长。

(6) 领导者应清楚自己的角色定位，不要高高在上。

(7) 针对每个人对目标的承诺进行监控，但不是传统的管制方式。

(8) 透过工作的挑战、定期训练和生涯发展，来激发员工共同成长。

(9) 让每个人都明白：团队的任务不是去作战，而是获胜。

(10) 领导人要学会激励、赞美与肯定，激发团队员工的潜能。

【人才宝典】 好的团队绝不是随随便便凑合在一起的乌合之众，而是为实现一个共同的目标，按照必备的条件，经过严格的招聘挑选而组织起来的精干队伍。团队成员的特质主要包括：忠诚、能力、积极的态度、多做一点点的精神、信心、意志力。

2. 管好团队从"安人"开始

有人说，中国人喜欢大胆独斗，不擅长团结。一个鲜明的比喻是，中国人"一个人是条龙，三个人是条虫"。总之，中国人缺乏团结合作的精神。

中国人不好管，但不代表他们没有合作的精神，只是轻易不合作，如果有着共同的需要，只要时机恰当，形势有利，再加上有合适的领导，大家仍然会走到一起，干出一番事业。这就需要老板迎接挑战，下好"安人"这步棋。

（1）把不同风格的人捏合在一起。

在公司里中，员工的性格不同，能力大小不同，特长不同，还可能存在极个别"全才"、"怪才"，老板需要考虑怎么把不同的人捏合在一起，打造一个完美的团队。

真正有水平的老板，会使诸多不同都整齐化、系统化。正如阿里巴巴创始人马云所说："进了公司，就是朋友，我是捏他们的水泥，他们是石头。阿里巴巴也是水泥，沙滩上小的石头，可以捏在一起抗衡大公司。"

（2）洞察员工心理的玄机。

为了打造一支优秀的队伍，老板要根据员工及群体的外部特征来推测、判断其行为动机、心理活动和行为倾向在与员工接触的过程中，老板首先要通过对方表情来了解对方的动机、情绪和态度。此外，还要根据仪表、外在的气质，以及他人的评价，来判断员工的性格、能力，近而在管理中有的放矢。

【人才宝典】 带队伍就是安人，进而安心。安人就是把各个部分捏和在一起，合成一个整体，并且促使整体大于部分，和透过己安和人安增进和谐的效果。

3. 团结也是一种生产力

老板最困难的工作,是让他的部属及员工凝聚于向心力,互相合作。道理很简单,无论朝向哪里,只要大家一致,总能赢。

深得人心的领导者了解并且能够激励部属,为完成共同的目标而努力。要想让大家的方向保持一致,前提条件是要先组织一个好的团队。

(1) 个人再强大也敌不过团队,个人唯有融入高效的团队才能光芒四射。对老板来说,指挥好自己的队伍,才能把自己的商业才华施展出来,才能把自己的创意思维呈现出来。

(2) 作为一个团队,目的应该是统一的和一致的,合作应该是无私的,是需要具备奉献精神和拿来主义的,需要团队里的人都不吝惜拿出自己的个人能力。

(3) 奔着共同的目标奋勇前进。好的团队绝不是随随便便凑合在一起的乌合之众,而是为实现一个共同的目标,具备应有的奉献精神、敬业态度的优秀分子。

【人才宝典】 "从心所欲而不逾矩。"大家都在统一的原则下协同起来,追求共同的目标,在无形当中就注定了公司的持续发展和长盛不衰。

4. 搭配新老员工的奥秘

搭配新老员工,需要解决的一个重要问题是:平衡新人与旧人的冲突。

除了做好双方的思想工作以外，老板要善于缩短新老员工的磨合期（冲突期）。常用的办法有：

（1）加强'新人'的力量，形成一股强劲的改革力量，迫使保守势力俯首就范。

如果改革派势单力薄，必然在尚未成气候的时候就被反对派逐一扫地出门，这样，改革就必然失败。大量优秀人才的同时进入，可以使改革势力形成一种团队，在面对保守势力的攻击时可以互相支持；可以使一个经营状况严重滞后的公司在短期间内就上两个新台阶。

（2）老板的态度要坚决，立场要坚定，不能含糊不清，有排除一切阻力的决心。

人事冲突处理不好，会产生极大的杀伤力，对公司发展有百害而无一利。一旦新旧员工之间有了隔阂，老板就要坚定信心，弥补彼此的差距，营造和谐的工作氛围。

【人才宝典】　　一个团队必须有梯形的年龄结构，应由老年、中年和青年三部分人组成一个具有合理比例的充满希望的混合体，只有这样才能发挥其最佳效能。

5. 最可怕的就是窝里反

最可怕的就是窝里反，很多事情是自己人提供情报，勾结外人，然后才会被人一枪打中，因为弱点只有自己人清楚。

（1）处理好集权与分权的关系。

过于集权，大小权力集于一身，不利于调动各部门的积极性；也会由于面临事务太多，不免不了解情况，如果偏听偏信，就会造成冤假错案；过于分权，各部门各行其是，形成多个小的权力中心，易于造成拉帮结派以及与之相伴随的一系列弊病。

(2) 老板要为人正派，作风民主，光明磊落。

老板要不喜听奉承，不爱听谗言，不偏听偏信，不亲近小人。这样一来，心术不正之人就无隙可乘。

(3) 有法可依、有法必依、违法必究。

只要做到了制度健全、赏罚分明，就可以使公司上下都明确什么是对的，什么是错的；什么该做，什么不该做；做对了如何奖，做错了如何罚。这样一来，"公道自在人心"，就可以避免模棱两可以及黑白颠倒了。

(4) 建立一支作风正派，淳朴实干的干部队伍。

在一个团队里，"淳朴"的人不懂的"捣鬼"，"实干"的人没有时间和精力去"捣鬼"，这样的干部自然也就作风正派了。

【人才宝典】 制止"窝里斗"的首要措施，就是严厉打击那些敢于出头挑起"窝里斗"的少数人。此外，老板应努力为自己的部下营造一个和谐的氛围，让他们在一个团结一致的集体中安安心心地工作。

6. 合理搭配，提升整体优势

只要把人才安插到一个重要的岗位上，就能实现："安排一个，带动一片"。实现这个目标是有条件的，关键是在科学评估的基础上对人才进行合理搭配。

(1) 注意把人才分开，合理搭配

有才华的人聚集到一起，如果分工不明，很容易自行其是，效率低下。因此，一定要注意合理搭配人才，千万不要出现失调现象，以免给公司造成巨大损失。

（2）人才要有互补性。

在对人才和人才，人才和一般员工进行合理搭配时，一定要注意他们之间的互补性，尤其要防止出现下面这些情况。

第一，防止"核心低能"。核心往往能够决定一个群体的整体功能，"兵一个，将一窝"。

第二，防止"方向相悖"。方向不一致，会相互扯皮、相互拆台、相互掣肘，结果必然会降低整体效能。

第三，防止"同性相斥"。正确的方法应是实现"异质相补"，把各个专业的人才聚合到一起实现优势互补。

第四，防止"同层相抵"。比如，团队里只有高级工程师，而缺少助理工程师和技术员，那么，高级工程师整天忙于简单的工作，无暇考虑技术改造等重大问题，必然造成人才浪费。

【人才宝典】　　人尽其才，必须考虑团队的配合。单打独斗，任何时候都无法成功。

7. 金字塔形的人才结构

一家优秀的公司，人才的层次会十分清晰，从老板到一般员工，每个职位上都会有优秀的人才。在不良企业中，虽然高层很优秀，但却没有有力的执行者、合格的接班人，这就是典型的虎头蛇尾的组织。

大公司实现良好治理，既要有优秀的高层、基层成员，还要有得力的中层干部，形成金字塔状的组织结构。通常，公司强弱，取决于联系高层与基层员工的中层干部的充实度。

每家公司的高层都很优秀，一般员工是否能够成长，还是以后的问题。在高层和基层员工之间起着桥梁作用的中层领导，必须是优秀人才。

研究公司史可以发现，卓越的公司在不同年代、不同发展阶段，其优秀人才的层次都非常分明。这极大地保证了公司的战略能够从上到下贯彻始终，而不会出现断档的尴尬。

因此，老板在日常经营中必须缔造金字塔形的人才结构，发挥团队的优势，一步步把伟大的构想变成现实。

【人才宝典】　金字塔形的人才结构，充分实现了公司内每个环节、每个岗位都有相应的负责人，确保了公司从大到小、从高到低的每个部门、层级都能相互配合，把伟大的战略变成现实。

8. 培养团队意识三法

(1) 凸显团队的表现，而不是个人。

老板评功论过的时候，要把团队的表现而不是个人的表现放在第一位。树立每个人的集体意识，有利于大家共进退。

(2) 善于让团队来纠正个人的工作不足。

通常，每个人都有"随大流"的心态，也就是希望得到身边人的认同。员工做事不到位，老板亲自出面不如用团队的意见影响员工。员工感觉到团队不认可自己的做法，必然主动改进。

（3）绝不奖励无益于团体发展的个人表现。

在团队里需要明星员工，但是如果某个员工过于锋芒毕露，并且不利于团队和谐、稳定，那么这个员工的行为就不值得肯定。

【人才宝典】　　真正出色的成绩应该是那些可以帮助团队实现整体目标的努力，否则会把好不容易建立起来的团队观念抹煞得荡然无存。

9. 合理配置人才，形成合力

（1）搭建团结一致、同心同德的班子。

一个公司由不同的部门、单元组成，各个小团队就是一个班子，其基本要求是每个成员都要团结一致、同心同德。

（2）一流人才辅以二流人才。

为了让团队协同作战、配合默契，每个部门或单元只能配备一两个"一流"人才，由其掌握大方向、作决策。再辅以几个二流人才负责行政、开发、营销等事宜。

（2）引导员工帮助他人，多些宽容和理解。

一个班子中的人要多些宽容、理解其他成员。如果大家钩心斗角，不能放下身段与他人建立默契，就会分散力量，必然发挥不出工作效率。

【人才宝典】　　同在一间办公室里，共同管理公司某项业务的人必须协调一致，形成合力。

10. 人人都是企业家

培养员工的主人翁精神，让大家有归属心，必须引导他们像老板一样思考，把工作当成自己的事业。有了这种心态，团队力量就会集中爆发出来。

（1）培养人人都是"主管"的感觉。

引导员工树立"我就是主管"的思想，让他们了解这个公司，了解公司里任何一个操作细节，他们就会设身处地替公司着想，懂得发挥团队的优势。

（2）老板制定宽松的政策，员工决定详细的程序。

老板把握好大政方针，清楚地向员工表达公司的意图即可。而员工在此基础上充分发挥自己的创造性才能，可以大刀阔斧地推进公司发展。

（3）让员工从小事上感觉到自己是"公司的主人"。

有一位老员工在 IBM 工作了一辈子，他的名片上写着这样一句话："国际商用电器公司，25 年的忠实服务"。这并不是什么了不起的大事，但 IBM 公司却用这种"不引人注意的方式"对员工传递了对 25 年辛勤工作的感激之情，实在是"礼轻情义重"。

（4）温暖的大家庭。

公司每隔一段时间就举办一次部门的"会餐"，让全体员工和他们的家属自由参加。老板与员工无拘无束，享受着彼此喜欢的食物，为各自所创造的业绩相互祝贺。这样一定会让大家更具有"同一"感。

【人才宝典】　　请牢记松下幸之助的一句话："领导者再强，但员工冷淡，仍难推动工作，必须设法使每个人都自认为自己是负责人。"

11. 警惕团队中的危险信号

一个团队从优秀到没落，不是一朝一夕可以改变的，而是日积月累的过程。期间，有许多迹象会流露出来，老板必须警惕这种危险信号。

（1）提防精神离职。

精神离职表现为：工作不在状态，对本质工作不够深入，行动迟缓，无所事事。精神离职产生的原因大多是个人目标与团队远景不一致产生的，也有工作压力、情绪等方面原因。

（2）瓦解团队中的非正式组织。

团队是全体成员认可的正式组织。非正式组织短期内能够很好地进行日常工作，能够提高团队精神，调合人际关系。但长期来看，它会降低管理的有效性，致使工作效率低下，优秀团队成员流失。

（3）控制超级业务员。

超级业务员能力强、独当一面，也会纪律散漫、目空一切。超级业务员的工作能力是任何团队所需要的，但老板必须对超级业务员进行控制，避免其瓦解团队的核心。

【人才宝典】　在团队建设中，及时发现隐密的危险信号，防微杜渐，团队建设才能稳步推进，不会前功尽弃。

12. 让员工与公司同在

作为经理，了解企业的宗旨、目标和为实现这些目标的战略方法对你的成功十分重要。如果你是经理，你就会明白自己与整个企业目标之间的关系对你的帮助有多大，因为你知道企业对你的要求后，你会更清楚自己的作用和为什么企业重视你的作用，这样就容易与企业达成和谐并使你努力为之工作。

对于你的员工来说，道理也如此。你当然不必使每个人都成为经理，但是你可以帮助员工们更好地了解除了他们自己外，他们的办公室和工作间以及部门内外到底发生了什么事。如果他们清楚自己在企业中的位置和他们的作用后，他们能更好地进行工作。

如何才能帮助员工意识到他们在公司中的作用，感觉到他们的工作成果构成了公司所取得的成果的一部分？有如下建议可供参考：

(1) 给企业成员提供有关介绍本企业情况的书和文章。

(2) 如果企业发布年度报告，要让员工明白如何理解和解释它。

(3) 与员工们一起分析部门的月度损益表。

(4) 帮助员工理解企业任务。

(5) 鼓励员工将自己所做的工作与直接对企业任务目标实现起作用的工作协调起来。

(6) 通过让他们领导工作小组来寻找解决问题的方法。

(7) 如果企业中有信息交流部，则要强化它的重要作用。

【人才宝典】　　　让员工了解公司，以及自己在公司中的作用，可以有效激励他们自动自发地做事，培养起队伍向心力、团队默契感。

第八章
顺从人性，教化人心：
管人必须情、理、法并用

充分重视人的需要和欲望在行为中的驱动作用，并坚持顺势而为，加以驾驭和引导，就会让人才心甘情愿地听你调遣，为你所用，并使你在复杂的人事关系中立于不败之地。

公司老板必须精于揣摩人性、把握人心，无论是识人、择人、用人，还是管人、防人、制人，都须用心研究，并因人而异施展手段。

1. 疏导洪水的管理哲学

在中国做领导，一定要把握疏导洪水的哲学，掌握柔性管理艺术，在刚柔之间把握分寸。为此，老板要做好以下三点。

（1）合情合理。

对中国人来说,合理比合法更重要,中国人接受的是合理的法。显然,合法的决策如果不合理,甚至失去了人情味,人们就很难服从,也不会在心里认同你。所以,管人一定要合乎情理,让人能够接受。

(2) 保持弹性。

水是无形的,却变化万千。疏导洪水,就像打太极,要随形而制,掌握好弹性原则。具体到管人、用人上,老板要时时考虑到人心、情势等变数,让自己的决策符合人们的心理预期,才能得到拥戴。

(3) 刚柔并济。

水是柔软的,洪水暴发的时候却可以脆骨拉朽,这就是刚柔相济。人也一样,过于刚毅的人容易受挫,过于柔和的人容易被人欺负。对老板来说,必须看到下属刚柔并存的两面,才能在管理中疏导好、驾驭好。

【人才宝典】　　管人用人的最高境界就是顺势而动,也就是采用"疏导"的方法。"疏导",而不是采取"堵"的方式,坚持推、拖、拉的做法,借力用力,这种措施往往是最合理、最圆满、最有效的。

2. 用柔性管理去"化解"

许多老板都有这样的体会,中国人不好管。怎么办呢? 最根本的一点是在管理中实现"化解"的目标,而不是上来就想办法"解决"。

与"以规章制度为中心"的刚性管理不同,柔性管理是一种"以人为中心"的"人性化管理",它在研究人的心理和行为规律的基础上,采用非强制性方式,在员工心目中产生一种潜在说服力,从而把组织意志变为个人的自觉行动。

(1) 用柔性管理打破组织边界，提升运作效率

在复杂的商业环境中，老板必须整合各类专业人员的智慧，才能制胜。显然，只有柔性管理才能提供"人尽其才"的机制和环境，打破传统的严格的部门分工的界限，让每个员工获得独立处理问题的能力。

(2) 用"柔性管理"管理好知识型员工

在知识经济时代，员工的创造性知识、思想越发重要。存在于员工头脑中的这种智慧难以掌握和控制，需要老板借助"柔性管理"实现"知识共享"。

(3) 柔性管理必须与刚性管理相结合

在实际工作中，柔性管理与刚性管理是相互影响、相互渗透的。完全没有规章制度约束的企业必然是无序的、混乱的，因此刚性管理是管理工作的前提和基础，也是柔性管理的立足点。刚柔并济，才是高效益管理的源泉。

【人才宝典】　　把人和事结合起来，并且注重他人的心理感受，就是化解。老板的看家本领之一就是出色的"化解"能力——把常人看来棘手的问题轻松解决掉，超越常人的想象。

3. 违逆人性的东西不会长久

从人的本性来看，如果逆反人性就会遭到反抗。如果上级苛刻地对待下级，下级就不会服从上级管理；下级不服从管理时，上级只好用惩罚的手段来强迫下级服从，这样管理就复杂化了。

(1) 多听听员工的意见。

公司制定规章制度、发布命令之前，要多听听员工的意见，总结一下大

家是怎么想的。据此作出决策，才能得到大多数人的认同。

(2) 学习其他公司的成功经验。

管理是一门实践性很强的学问，其他公司的成功经验经受了时间的考验，往往符合人性规律，因此老板要有拿来主义的精神，为我所用。

(3) 老板要懂心理。

杰克·韦尔奇："作为企业的领导人，你可以不懂财务、不懂专业知识，但是你不能不懂心理学，否则就不会成为一名卓越的老板。"顺从人性，在很大程度上是符合人的一般心理。

【人才宝典】　　规章制度符合人性，整个队伍才能获得持久发展的机会。

4. 向人性化管理要绩效

在中国的管理语境中，寓人治于法治，更符合大公司的实际情况。顺应人性的特点，老板需要从以下三个方面入手，对员工进行管理：

(1) 营造企业文化，利用文化规范行为。

海尔、微软、联想、IBM 等大公司都有自己独特的企业文化，由此它们致力于营造一种人性化的管理理念，帮助员工成长，给他们施展才华的空间。

(2) 尊重人的本性，顺其自然加以引导。

在公司里，每个员工首先是一个追求自我发展和实现的个体人，然后才是一个从事工作有着职业分工的职业人。

(3) 进行行为塑造，利用习惯进行管理。

那些关怀员工、对员工好、帮助员工达成目标的老板，手下的员工大都能自我管理。这样的老板同时管理五六十个员工，也不会出什么问题。有些老板不过带五六个员工，麻烦却层出不穷，就是不懂得帮助属下做好"自我管理"。

【人才宝典】　　管理者明定制度，但也明白所有制度都是死的，而人却是活的，必须"在制度许可的范围内，衡情论理"，然后再加适当的调整，合理解决。

5. 尊重对方意见，但要找后账

一位老板在谈到自己的管理心得时，这样说："在监管和决策方面，事前充分沟通，事后反思总结成为常态。对于难以避免的个别失误，要和管理层'找后账'，反思这一次的问题出在哪里。相对放权，绝不意味着放手让他们'试错'。"

仔细分析不难发现，这样做的好处有两点：

（1）员工得到尊重，更能卖力做事

员工得到尊重，往往能获得主人翁的地位，在工作中积极实现自我价值，从而充分发挥了人力资源的应有价值。这种无须管理就能带来的益处，需要大老板谨记。

（2）尊重不等于盲从，"监管"很重要

在尊重下属的这一点上，也要有一定的"度"。如果下属在某一件事情上明显地说错了、做错了，老板一定要向他们"讨个说法"。这样做不但让他们意识到自己的不足，还能及时纠正存在的错误，必不可少。

【人才宝典】　　　工作中，老板必须尊重员工的意见，哪怕是错误的观点。这样做，能让他们充分表达。而后，再指明其错误之处，就能轻易解决问题。

6. 对个性强的人因势利导

(1) 避其锋芒，因势利导。

遇到个性很强、颇难驾驭的员工，你不要以势压人，故意给他个下马威，而应该避其锋芒，因势利导，选择最适当的时机进行教化。

(2) 瞄准个性，提供舞台。

员工的个性是一种本性，如果运用得当能够充分发挥内在的潜能，创造高绩效。为此，老板必须熟知员工个性，为他们提供合适的岗位。

(3) 把握个性，给予关照。

作为公司领导，老板在决定聘用某个员工时就应该注意发现其个性，并据此进行培训，安排合适的岗位。需要指出的是，刚入职的员工在业务、心理等方面往往不成熟，老板应该尽量给予"关照"，帮助他们成长。

【人才宝典】　　　有一个能表现个性的工作环境，员工做起事来也会倍觉驾轻就熟。

7. 与员工建立朋友式的关系

带领队伍稳扎稳打、步步为营，离不开互信、互助的团队。为此，老板必须与员工建立和谐融洽的、朋友式的合作关系。

有的老板把自己放在高不可攀的位置上，制造出一种神秘感，让员工仰首而视，敬而远之。结果，上下级有隔阂，下属只是奉命行事，工作搞得一团糟。

有的老板能力很强，可却处理不好人际关系。他们对下属颐指气使，疾言厉色，开口就训人，也不懂得关心体贴下属，结果弄得员工怨声载道。虽然当面不敢怎样，背后却大发牢骚。由于气不顺，干起活来，也就别别扭扭，工作毫无起色。

如何同员工建立起和谐融洽的关系，最好的办法是以朋友的身份与他们打交道，与下级平等相处。其实，任何一位老板走上创业之路，都离不开朋友的帮助和提携。

当队伍越来越大的时候，老板还要和员工继续保持这种亲密关系。如果把每个员工都变成真心朋友，那么这家公司必然极具向心力，所向披靡。

【人才宝典】　公司做大了，老板的心态不能变，始终与每个员工和睦相处，建立朋友式的关系，才能得到拥戴，才能有权威，说话才能灵。

8. 把握团队的心理气氛

在一个积极向上的团队中，消极的成员常常会得到改变，而且团队也会形成健康、和睦的工作气氛，创造良好的社会心理气氛，并使团体获得较好的效能。概括起来，团体心理气氛的作用包括：

（1）完善优化团体构成；

（2）促进形成正确而有效的团体关系；

(3) 形成团体成员心理上的一致性;

(4) 用经过选择而形成的社会准则调节团体成员的行为;

(5) 解决团体成员间以及团体与领导之间的相互关系问题。

【人才宝典】 一个团队的心理走向如何,决定着团队的成败。显然,一个心理气氛好的团体即使分配的任务十分艰巨,他们也能够较好地完成。

9. 克服沟通中的心理障碍

李嘉诚曾无数次说过:"懂管理不如懂心理,了解员工的心才能更好地把握他们的人。"提高沟通能力,首先就要克服沟通中的心理障碍:

(1) 认知不当导致沟通障碍。

在人际交往中,要注意克服第一印象的影响。老板评价一个员工,不能只看第一印象,更不能看短期的表现,要注重对方的长期实践,关注人的成长性。

(2) 情感失控导致沟通障碍。

人总是带着某种情感状态参加沟通活动的。在某些情感状态下,人们容易吸收外界的信息。而在另一些情感状态下,信息就很难输送进去。因此,老板发布命令的时候,必须注意员工情绪状态是否良好。

(3) 态度欠当导致沟通障碍。

态度是人对某种对象的相对稳定的心理倾向。除认知成分、情感成分外,态度还包括行为成分。今天,员工绩效的大小不仅与能力、才华有关,更与态度紧密相连。

【人才宝典】　　　一个沟通能力蹩脚的老板，注定领导力不强、信息能力弱化，在管理上也会捉襟见肘。先做个沟通高手，才能是个管理能手。

10. 关心下属的个人问题

(1) 珍视员工求教个人问题。

当员工为他个人的问题来向你求教时，这说明他信任你、敬重你。这时候，不管是哪方面的问题，你都要耐心倾听，请不要打断对方的谈话或把他打发走。

(2) 多关心员工的生活。

假如一个员工今天气色不好，你就要问问他有什么不舒服。如果他请假去照料他生病的妻子，那么当他来上班时，就要问问他妻子康复了没有。这种日常的关怀，最容易让他们感动。

(3) 为员工解除后顾之忧。

有的员工因为孩子、父母等家事困扰，无法安心工作，结果影响了业绩。对此，老板应该留意员工家庭生活，在力所能及的范围内帮助他们解除后顾之忧。

【人才宝典】　　　员工的个人问题是私事，上班是公事。两者看似矛盾，其实紧密相连。老板要关心员工，不让他们因为个人问题影响工作。

第九章
强化培训，授人以"渔"：
培育人才给公司永远的生命

老板就是教练，要教会下属成功，如同足球比赛，是训练球员去成功的进球，而不是自己下去踢球。训练出精干的主管和下属，老板会越来越轻松。

内部人才培养看似简单，实际上需要整个人力资源链条的协同支持。只实施人才计划还不够，相应的培训、内部晋升通道、激励机制等制度也要完善起来，否则人才问题还是无法解决。

1. 真正理解人才的价值

没有"木"的"才"，叫做人才；有"木"的"材"，还没有被雕琢，也就是没有完成学习、改造——进入公司之后进行的培训。当人才在内心深处接受了公司的价值观以后，才可能与整个团队一致行动、创造价值，从而成为真正的"人财"。

对老板来说，你可以把培训交给人力资源部门去做，而你要思考的是：什么是员工真正的价值。不可否认，员工除了给公司、客户，甚至个人创造"双赢"价值外，还要具备超强的个人素质。

此外，人才的价值并非单个人的能力展现，许多时候需要放到整个团队中去考察，因为员工间能力强弱的互补、工作中的配合，更能体现他的素质，给公司带来真正的价值。

【人才宝典】　　刚进入公司的新人，由于没有接受企业文化的洗礼，即使学历再高、技术再强，也只是"人材"，而不是"人才"，更不是为企业带来价值的"人财"。

2. 培训不是可有可无的事

员工培训是公司风险最小，收益最大的战略性投资。不少老板忽视培训的意义，在观念上存在着误区，主要表现为：

（1）缺乏强化培训的执行力。

培训是公司发展的新动力，很多老板有这个意识，但是没有切实可行的培训计划。他们会在心里想：这几年公司一直未搞培训，还不是一样照常运作？

（2）认为培训收不到什么效益。

培训人才是项成本很高的事情，并且短期内看不到什么效益。有的老板受此影响，迟迟不肯在人才培训上下本钱。

（3）目前经营状况良好，不需要培训。

有的老板常说："我的公司发展很好，是不需要培训的。"殊不知，商业世界飞速发展,员工半年没接受任何培训,他们的知识就已经落伍了。

【人才宝典】 无论是有没有工作经验的员工,都是需要培训的。

3. 让员工焕发工作激情

培训既包括技能的训练,也含有精神的塑造,能从根本上让员工焕发激情,极大地提升工作的效率和效益。

(1) 培训有利于员工提高业务能力。

对员工进行定期的培训,可以帮助他们提高业务能力,更好地适应岗位工作。这是公司培训的根本目的。

(2) 培训有利于员工成长。

让员工意识到应该提高自己,并且拿出具体的培训方案认真实施,就一定会使大家每天都对工作充满兴趣,每天有使不完的劲。

(3) 培训有利于员工学以致用。

培训本身既是学习的过程,也是辅助实践的过程,其最终目的是让员工把培训学到的东西尽快地运用到工作中去。

【人才宝典】 把一个员工送去参加日常工作中用不着的职业培训,不会产生任何价值。因此,培训的关键是满足日常工作需要,注重实用性。

4. 不教导部下就是浪费其生命

老板对部下的命运负有责任：必须帮助员工成长，使他们长进，否则就是浪费其生命。培训，无疑是让员工早日实现岗位成才的良策。

那么，通过培训员工帮助他们成长，要把握哪些要点呢？

（1）有效培训的秘诀在于激励。

要使员工愿意学习，必须向他们表明：培训能帮助他们掌握更多技术、提高收入、得到晋升机会等。这样有利于激发大家的积极性，主动接受培训。

（2）培训新员工离不开长期指导。

培训不是目的，效果才是关键。并且，针对不同的员工，培训效果会有很大差别。因此，公司培训不是一次性的，而是对员工长期的帮助和指导。

（3）培训后让下属勇挑重担，并支持其完成任务。

接受完培训，必须让员工到新的岗位上锻炼，或接受新任务，在实践中考核培训效果如何。并且，员工一旦在工作中遇到难题，老板必须给予全力支持。

【人才宝典】　　人才都是逼出来的，越多的挑战，越能加速一个人成为有用的人才。

5. 把"人才"变成"人财"

每年,公司都会吸收优秀人才加入团队,对于这些新成员,做好人力资源的开发和规划是必须的,而开门课就是"培训"。

作为公司促进内部员工学习的一种手段,培训的目的是改善员工行为,提高其绩效,更好地实现目标。在对公司新人的培训中,最重要的是让他们深刻领悟公司文化,真正融入团队,为日后正常工作打好基础。

实际上,许多著名公司都非常重视培训新人,目的就是帮助这些职场新兵迅速进入角色,让他们为公司和社会创造更大的价值。用培训把"人材"变成"人财",这是人力资源管理的重要一课,是人尽其才、发挥人才价值的重要保障。

【人才宝典】 理解了人才的真正价值,还要看他给公司带来了多大价值,这样一来,才能更有针对性地给予对方报酬。当然,对那些"值钱"的员工,老板应该敢给高价,这样才能留住人。

6. 如何衡量师资水平

搞好培训,必须选择最优秀的师资。衡量师资水平要先问3个问题,无论这个人是公司员工或是从外面请来的专家学者。

(1) 他是否了解本公司的需要和目标?是否只对他主观认定的问题有兴趣?

（2）他是否能说明如何改变别人的行为，从而帮助员工进步？

（3）你期待在训练之后，员工在工作表现上应有何种进步？员工离职率是否会降低？如果降低的话，会降低多少？

对提供训练的师资来说，只有明了上面三个问题之后，才有可能实施他的方案。这是每个老板必须牢记的一点。

【人才宝典】 有效地满足员工的培训需要，给人才最好的训练计划，首先要抓好师资队伍。

7. 培养人才要下血本

培训人才需要资金投入。尽管刚开始要消耗一部分资金，但从长远看，它所带来的收益是前期投入无法比拟的。"放长线，钓大鱼"，正是下血本培养人才的生动描述。

（1）视野开阔，舍得下本钱投资。

精明的老板深谙"不入虎穴，焉得虎子"之理，若不对下属进行必要的训练，使其多受磨炼，那么即使是真金也会被埋没，变得与石头无异，所以一定要开化头脑，放开心胸，培养人才。

（2）以大局为重，切不可嫉贤妒能。

有些老板在培养人才上总是顾虑重重，以为下属变得出色能干，则显出自己愚笨无能，堂堂上司，岂不被人耻笑。其实，一个出色的人为你办事，总比一个愚笨的人好。下属精明，老板才是最大的赢家。

【人才宝典】 培养下属，肯在下属身上投资，多下工夫，正是老板为了自身日后能得到更多回报,受益的正是你自己。

8. 引导员工自学成才

自我培训的方法很多,员工可以根据自己的实际情况具体实施。下面简单介绍几种方法,以供参考:

(1) 周六的员工课堂。一般公司的周六、周日是休息日,我们可以专门拿出一天的时间,组织员工学习。

(2) 鼓励员工学习深造。公司可以不失时机地出台一些政策,鼓励员工继续深造,对深造的成果进行奖励,形成人人学习、人人追求上进的良好局面。

(3) 积极利用互联网。自从互联网普及后,在工作中遇到问题,可以随时通过互联网查询学习,及时解决各种难题。

(4) 充分利用局域网。局域网是公司信息化发展的又一个强大的工作平台,利用得好坏在于公司是否正确引导,也是员工自我培训的一个很好的手段。

(5) 鼓励员工读书。书籍是人类智慧的结晶,是专家经验的总结。自我培训除私人教练外最好的老师就是书籍了。

(6) 坚持不懈,全面发展。坚持不懈,具有滴水穿石般的韧劲;全面发展,是以个人修养道德水平为基准向外发展,长期坚持,必有成就。

【人才宝典】   自我培训的根本含义是激励员工的自我学习,自我追求,自我超越的动机。

9. 工作中训练，挫折中教育

一家成功的公司，最闪亮的地方可能是速度、成本、品质。不过，这些荣耀的背后都离不开"人才"的支撑。如果没有老板对人才的训练、开发和培养，不可能有光辉的业绩。

俗话说，才干是锻炼出来的，经验是累积起来的，一个人只有在工作中训练自己，从失败中总结教训，勇于在竞争中提升自己，才能成为独当一面的人才，才能应对复杂局面，完成创造性工作。"工作中训练、挫折中教育、竞争中思考"，说的就是这个道理。

一位台湾老板在美国有过这样一段经历。当时，他和家人到公园玩儿，不时地用随身的零食喂鸽子。

忽然，他发现旁边的一块牌子写着：禁止喂鸽子。于是，他问管理员为什么这样写。管理员解释说："去年冬天，一场大雪之后，鸽子全都死了，因为鸽子平时习惯了人类的喂食，都失去了自己觅食的能力，结果冬天没有人喂食，鸽子全都没有办法度过冬天。"

听完讲述，这位老板感慨很大。回到台湾，他反复对大家讲起这个故事，意在提醒员工："一个人的生存本领和竞争能力，必须在训练中完成。给他一个竞争环境，让他在工作中训练，挫折中受教育，竞争中思考，这就是创新人才的训练。"

【人才宝典】 一方面，老板要开发和使用人才，做到有才可用；另一方面，老板要学会在工作中训练人才，使他们脱颖而出，担当重任。

10. 实行岗位轮换制

对个人来讲,通过实行岗位轮换,有利于成为一名全面的管理人才、业务多面手。具体来讲,职务轮换主要适用于以下几种情况:

(1) 新员工巡回实习

新员工在就职训练结束后,被分配到不同部门去工作。让他们在各个岗位上轮流工作一定时期,亲身体验各个不同岗位的工作情况,为以后工作中的协作配合提供方便。这一过程一般需1年左右。

(2) 培养"多面手"员工

为了适应日益复杂的经营环境,公司都在设法建立"灵活反应"式的弹性组织结构,要求员工具有较全面的能力。岗位轮换能解决环境变化带来的不适应问题,让公司变被动为主动。

(3) 培养经营管理骨干

让干部在不同部门间横向流动,开阔眼界,扩大知识面,并且与各部门的同事有更广泛的交往接触。这种轮换以基层管理者为最多,轮换周期也较长,通常为2~5年不等。

【人才宝典】 岗位轮换制度,也叫职务轮换制,是公司有计划地按照大体确定的期限,让员工轮换承担若干种不同工作的做法。

11. 对新员工进行上岗培训

上岗培训计划是多种多样的，从简短的介绍到较长的正式计划。就长期正式计划而言，新员工在接受上岗培训时，一般会得到一本手册或一些资料，说明工作细节、福利待遇等。

概括起来，上岗培训主要有两方面内容：

（1）目标与价值观培训。上岗培训是员工目标与企业目标一体化过程的开端，而这个过程则是使员工对企业及其价值观、目标等加以了解的一个步骤。

（2）技能培训。新员工技能培训是让受训者不在实际工作岗位上，但能取得在岗培训之长的一种培训技术。

【人才宝典】　　上岗培训是只给新员工提供有关公司的基本背景情况，这种信息对雇员做好本职工作是必需的。这些基本信息包括：工资如何发放和增加，工作时间为每周多少小时，新员工将与谁一起工作等。

12. 员工培训中的 7 个误区

任何一个管理机制成熟的公司，都会定期对员工进行培训。培训能让员工的能力更上一层楼，为公司创造更大的利润。

培训是一个循序渐进的过程，在员工的培训中有一些常见误区：

（1）把培训当作传授窍门和秘诀的途径。培训是实实在在提升员工能力的途径，把功夫做实、做细才会有预期的效果。

(2) 过分强调提高员工的绩效或生产率。这是以后的事，过早强调这个会使员工产生恐惧心理，妨碍学习能力。

(3) 让某位最高领导负责培训。这会使接受培训的员工感到紧张，并且不敢发言提问，只会延缓培训时间、降低培训效果。

(4) 一次灌输太多。坚持循序渐进的原则，才会收到良好的培训效果。反对那种一蹴而就的培训思路，妄想短期内灌输太多知识。

(5) 只说不做。一次示范抵得上千言万语。当你向他们解释如何做和为什么做的同时，要向他们示范。

(6) 没有耐心。并非人人都能学得像你一样快，要有耐心，员工不懂的地方要给他们解释。

(7) 使员工紧张。紧张会造成慌乱，妨碍清醒地思考，实际上终止了学习进程。

【人才宝典】　　培训是一项细致活，把握好整个进程，乃至取得预期的效果，都需要按照基本的培训规律进行，反对急功近利的做法。

13. 警惕培训"后遗症"

(1) "厌食症"。表现为对事业毫无进取心，没有丝毫的培训欲望，听到培训，多半情绪烦躁，要么是拒绝，要么是找替补，实在不行，只能暂时"献身"。

(2) "抗药症"。表现为由于求知欲望太强，或者太弱，反而对培训怀有强烈的排斥心理，无法以正常的心态接受新知识。

（3）"肠胃症"。表现为对不同的培训适应性很差，往往造成消化不良，典型病例是对国外培训机构的课程水土不服，根本无法适应。

（4）"眩晕症"。表现为参加培训之后对自身能力估计过高，头脑高度发热，对未来事业走向没有正确的认识，过于乐观，盲目自信。

（5）"抑郁症"。表现为不参加培训还好，参加培训后却感到自身差距巨大，彻底丧失进取心，从此一蹶不振，特点是极不自信。

（6）"依赖症"。表现为一听到培训，多半极度兴奋。主要是为了培训而培训，过于希望借此提升个人能力。

（7）"多动症"。表现为参加培训之后，变得浮躁，频繁换岗、跳槽，无法踏实工作。这是对自身期望过高的表现。

（8）"夜盲症"。表现为求知欲极强，然而空有一腔热情，所参加的培训既无针对性，又无目的性。

【人才宝典】　"员工培训后遗症"没有严格的定义，通常可以理解为因为接受培训后产生的，对公司、对经理人、对员工个人所带来的不良效果或不适应性。

第十章

职位晋升，成长空间：
利用工作设计满足人的事业心

工作已经成为一个继续学习的过程，是个人为提高自己的工作市场价值而进行的投资。员工不仅重视工作的完成，而且也必然会越来越看重从工作中可以学习到哪些新知识、新技巧，是否可以使自己逐步增值。

1. 给员工提供创造的空间

有意识地培养员工的创造力，是确保公司持久发展的关键。为此，必须给每个人提供一个创造的空间，让个人才华得到展现。

（1）岗位工作有弹性空间。员工在岗位上劳动，不能失去了弹性空间，有多大本事出多大力，进而获得相应的业绩回报，这样才有利于人尽其才。

（2）鼓励创造性思维。在工作中进行创新、创造，首要的一点是在观念上鼓励创造性思维，引导员工学会聪明地干事，而不是蛮干。

（3）鼓励员工多多了解各门学科的知识，打好基础、开阔眼界。学习是进步的阶梯，尤其是进入互联网时代，在资讯发达的背景下，善于学习的员工会有更大发展空间。

【人才宝典】 思想无极限，创造无极限！给员工提供创造的空间，其实就是为公司找到了生存的法宝。

2. 用进取的机会吸引人

用人中竞争的目的是为了人尽其才，促进事业的发展。为了达到这一目的，还必须为每一个员工提供各种竞争的条件，也就是工作进取的条件。

（1）尽才机会。即安排适宜的工作、对口的专业、便利的工作条件、较好的工作配合，让员工人尽其才。

（2）失败复起机会。工作失误或失败以后，要尽量提供"东山再起"的条件，以激励其总结经验，吸取教训，使其更加努力。

（3）进修机会。即在工作中为员工提供学习时间、费用及其他条件，使其在知识更新中不断得到补充，以不断增强其工作能力和竞争能力。

（4）进取机会。即使其在胜任现职工作的基础上，在职务上、学业上能够有所上进，为其一展宏图创造条件，为其实现伟大抱负铺好台阶。

【人才宝典】 在给予争强机会时，必须注意：机会均等原则。不仅在竞争面前人人平等，在提供竞争的条件上也是人人平等。

3. 营造快乐的工作环境

（1）设计个性化的工作场所。

在一些科技类、创意类公司,老板为了吸引年轻骨干加入,激发大家的创作热情,提供休息室、娱乐室、健身室,让员工随时随地享受工作与生活的自由切换。

(2) 祝贺员工的生日。

可以在报纸上刊登小小的祝贺卡片,也可以组织小型的生日聚会,邀请员工的家属,这样的欢乐时刻,应该让员工的全家在一起。

(3) 采用灵活的工作方式。

个性化时代来临,员工不只局限在公司里上班,还可以在家办公。这种工作设计迎合了发展趋势,能够吸引有才华的年轻人为公司效力。

(4) 有创意地使用装饰色彩。

色彩的运用是为了更好的集中精力而不是分散精力,所以在装饰的过程中要注意避免使用过于纷杂的装饰色彩。

(5) 适当的间歇休息。

"磨刀不误砍柴工",适当的休息会带来更高的工作效率。尤其是脑力劳动者,更需要有适当休息的间隔。

(6) 组织员工参加公益活动。

在社会活动中,培养员工作企业一分子的自豪感与荣誉感,可以培养起员工的团队精神,而且这样的活动也是公司内部互相沟通的好机会。

(7) "做作"地搞笑。

善意的小玩笑带给大家的快乐无与伦比,当然,在玩笑过程中切忌嘲弄别人。许多时候,老板需要平易近人,跟大家在一起。

【人才宝典】 严谨的工作作风自然要被提倡,但严谨可不能等同于严肃。

4. 帮助员工追求事业发展

事业发展是指个人为达到事业目标而做出相应的决策和付诸实践的过程。显然，公司能够把员工事业发展与公司目标结合起来，将会实现双赢。

（1）从满足下属的需要层次看，这一过程有助于满足下属的情感需要、受尊重需要，并有助于满足自我实现需要，而这些均属高层次需求。

（2）从丰富工作内容方面来看，这一过程有助于下属选择做自己愿意做的工作，双方可以讨论重新设计工作或工作转换问题，可以提高工作、生活质量。

（3）从绩效评价的内容和方式看，一方面，将员工的绩效与对组织的贡献联系起来，可以增强下属的归属感和自豪感；另一方面，听取下属对工作绩效的自我评价，有利于其提高对工作本身的评价。

（4）从下属的事业发展方面看，与下属讨论其职业发展领域及所需的技能，并为下属提供继续受教育和通过参与特殊项目来发展个人能力的机会，有助于留住优秀人才。

（5）从维持下属的事业和家庭的平衡发展来看，与下属讨论其对业余时间的支配和发展家庭关系问题，能满足下属提高生活质量方面的要求。

【人才宝典】　　事业规划与发展的激励措施有利于下属的事业和生活向个性化方向发展，有利于提高员工的工作和生活质量，因此越来越受到各大公司的青睐。

5. 争强抢先必须机会均等

为员工提供争强抢先的机会，必须坚持一个基本原则：机会均等。不仅在竞争面前人人平等，而且在提供竞争的条件上也是人人平等。这些条件包括：

(1) 经济条件。

凡是工作、科研或学习所需要的费用以及其他必要的开支一律平等对待；凡是在事业上有发展，工作中取得成果的一律根据其相应的效益给予应得的奖励和报酬。

(2) 政治权利。

作为公民，毫无疑问，应享受宪法规定的同等的权利；作为职工，也应享受公司规定的各种权利，例如，工作权、决策权、建议权、学习权以及选举权和被选举权等。

(3) 选择机会。

即在选择时要保证有统一的尺度，也就是要讲求真才实学。在这一尺度面前，一切关系、门第、地位等都应驱逐出列。

【人才宝典】 竞争的目的是为了人尽其才，促进事业的发展。为此，必须为每一个员工提供各种竞争的条件，也就是工作进取的条件，尤其是要为每个员工提供争强的机会。

6. 晋升是最有力的奖励

渴望晋升，渴望最大限度地释放出生存价值，是员工内心的呼喊。所谓

"人往高处走"，无非希望出人头地、名利双收，能够在事业发展上步步高升。

为此，老板要提拔得当，发挥积极的导向作用，培养优秀人才积极向上的精神，最终激励全体员工的士气。

（1）工作业绩是最重要的晋升依据。

什么是晋升的依据呢？过去工作的业绩，这是最重要的晋升依据，其余条件全是次要的。一个人在前一工作岗位上的表现情况，可以作为预测他将来表现的指标。切忌将人的个性、你是否喜欢他的性格作为晋升的依据。

（2）不凭个人喜好而滥用管理大权。

提升还应讲原则，不能凭个人的喜好而滥用管理者大权。有的老板提拔人才太随意，缺乏全局考虑、整体设计的思想，结果不但没有发挥晋升的效力，还引起多数人的抱怨，这就不划算了。

【人才宝典】 晋升，是对人才的卓越表现最具体、最有价值的肯定和奖励方式。

7. 利用工作设计来激励人

工作设计是对工作内容、工作职能、工作关系的设计，也包括对既有设计的调整和修改，其目的是通过合理有效地处理员工与工作岗位之间的关系，实现组织目标。

具体来说，工作设计的内容包括以下 6 点：

（1）确定工作的多样性、自主性、复杂性、常规性、难度及整体性，这是整体的工作原则。

（2）确定工作责任、工作权限、信息沟通方式、工作方法，这是具体的岗位工作描述内容。

(2) 确定工作承担者与其他人相互交往联系的范围、建立友谊的机会及工作班组相互配合协作的要求。

(3) 确定工作任务完成所达到的具体标准（如产品产量、质量、效益等），这是具体的工作目标。

(4) 确定工作承担者对工作的感受与反应，以及员工的工作满意度、出勤率、离职率等，这是对工作的基本评价。

【人才宝典】 随着环境的变化以及员工自身的成长与发展，原先的工作或许已不适合了，这时老板必须主动对工作设计进行调整，确保不降低工作效率。

8. 设计员工喜欢的工作

人才是推进公司发展壮大的源泉。要想让公司得以发展，就要关注员工对工作的期待。以前"以事为主"的工作设计方法已经落伍，现在提倡的是"以人为主"。企业负责人必须明白，只有设计出令员工感兴趣的工作，才能对员工起到激励作用。

要想设计出让员工满意的工作，需要做到以下几点：

(1) 为员工设计的工作，内容要尽量多样化

企业领导可以通过任务合并等方式对工作的内容予以扩展，使工作内容不断对员工提出学习新技能的要求。

(2) 尽量纵向扩展工作，增强员工的自主性

企业领导可以让员工自己选择工作方法、确定工作缓急顺序、节奏快慢

与起迄时间，让员工自己想办法解决工作中碰到的实际困难。

(3) 让员工与客户建立直接联系

应当建立起员工与客户之间的直接联系，这样既可以增加员工的技能多样性、自主性和绩效反馈，又可以加强员工的责任感。

(4) 尽量把一项完整的工作交由一位员工负责

这可以让员工产生此项工作由我做主的感觉，以满足员工的个人成就感。

(5) 打通相应的反馈渠道

在使用这种方法时，最好能让员工本人直接得到有关真实信息，而不要通过上司间接地传达给他，这将可以帮助员工知道自己的工作干得是好是坏。

【人才宝典】　　因为喜欢，所以执著，因为执著，所以成功。任何一个员工都有自己潜在的能力，随意地安排工作只会造成人才的浪费，而为员工设计他们喜欢的工作则会加深员工对个人工作的热爱，也能够让他们富有激情地为公司贡献最大的热忱，给公司带来发展的生机。

9. 八类员工的晋升需求

(1) 自主型员工——只想做独行侠。他们最喜欢按照自己的规则和程序办事，不喜欢别人对他们的工作指手画脚。

(2) 技术型员工——渴望在自己选择从事的工作中脱颖而出。在他们看来，拥有在工作中磨炼技能的机会要比拿高薪、坐高位更重要。

(3) 挑战型员工——征服难度越来越大的挑战，是这种类型的员工的主要追求。他们愿意为战胜困难而付出额外的努力。

(4) 管理型员工——他们希望学习如何行使多项职责，如何综合利用来自多种渠道的信息，如何管理人数不断增加的员工队伍，希望职位、薪水越来越高。

（5）创业型员工——头脑里时时都萦绕着创业的念头。往往会发展属于自己的公司，或者至少一边为别人打工一边自己做老板，两个都不误。

（5）安全型员工——最看重可以预测、可以把握得住的工作环境，喜欢工作任务、各项规章制度都清楚明了，紧紧地依附着组织。

（6）服务型员工——在工作中追求一套特定的价值观。金钱不是最重要的，不过金钱给他们创造了全力追求特定理想的机会。

（8）生活型员工——这类员工趋向于围绕个人生活去组织自己的人生。他们最操心的是，自己所从事的职业是否有一定的自由度，使生活与工作达到平衡。

【人才宝典】 员工如何看待自己，以及自己从事的工作，由此确定最在意的是什么，这构成了他们工作的动力。

10. 把下属看作"圈里人"

员工渴望和公司紧密相连。他们希望和公司的关系不仅是一张工资单和福利待遇，希望深入到公司内部，最好成为"圈子内"的人。怎么知道公司已与员工们取得了这种密切联系呢？下面是一些明显的迹象：

（1）和员工交谈时，对方能畅所欲言。没有沟通障碍、语言隔阂，表明双方的关系非同一般，在心理上彼此也得到了认同。

（2）员工能及时知道有关本部门和公司的重大情况。通过掌握信息的速度和广度，员工能够判断自己是否被当做了"自己人"。

（3）交流能使员工积极承担义务而不是仅仅服从指挥。员工如果感觉不到和公司心心相连，就不会竭尽全力。

【人才宝典】　要想赢得员工的忠心，让他们成为圈子内的人，这种结果的产生途径便是与他们多交流。

11. 给下属攀升的台阶

史密特是美国电话电报公司材料部的主管，因为精明强干被委以重任。无论是身边的同事，还是高层领导，都认为他前途看好。

然而，五年后一位高层领导再次见到史密特，发现他只升任为小小的部门经理，有职无权。而史密特本人的情绪状态也不好，一副厌世者的形象。

这是怎么回事呢？经过调查才发现，原来这五年间换了三任领导，大家都不肯让这个优秀人才离开现在的岗位，结果史密特只好长期被迫做同样的工作，提升之事不了了之。

再有才华的人，如果没有岗位提升，也会在原来的工作中隐忍，最后落得平淡无奇、无人问津的下场。

【人才宝典】　一直让下属原地踏步，特别是那些能干的下属，这将严重地挫伤他们的积极性，妨碍其提早独当一面。

第十一章
领袖风采，人格魅力：
小公司做事，大公司做人

聪明的老板很少会像专制的皇帝一样随心所欲、做权力的奴隶。他们大多是在工作中展示领导力，通过良好的品德示范，逐步树立自己的威信。具备了无形的感召力，老板会得到员工的一致拥护，齐心协力把工作执行到位。

1. 领导力=实力+魅力

优秀的领导者，不但本身具有高超的财技、非凡的意志，还要将自己的意志力像电流一样传导给追随者，才能使整个团队战无不胜。

实力之外，不能忽略自身魅力的修炼，那么老板的魅力体现在哪些地方呢？概括起来，必须建立起三种"高大"形象：

（1）伟岸的人格形象。

通过精神和内在气质的修养、陶冶，老板获得一种无形人格力量与感召力，会极大增强自身的感召力、吸引力。

（2）良好的视听形象。

视听形象是人格形象的外在表现形式，也就是我们平时所说的口碑。老板树立良好的视听形象，是具备高超领导水平的重要标准。

（3）出众的智能形象。

从别人趋之若鹜的地方看到风险，从别人唯恐避之不及的地方看到利益，老板能够做到这一点，才能率领团队领先一步，走在别人前面。

【人才宝典】　　老板掌控局面，一定要获得骨干部属的认可、信任、追随、配合。如此，员工面对机会、挑战和改革时，才能积极合作，实现众志成城的完美结局。

2. 不计私怨成大事

"渡尽劫波兄弟在，相逢一笑泯恩仇。"游刃名利场，老板少了这种化解怨恨的广阔胸怀，必然寸步难行。

历史上，齐桓公没有计较管仲的一箭之仇，反而任用他为宰相，是不计私怨成大事的典范。在此，老板应该学习齐桓公，把握好如下两点：

（1）准确判明形势，顾全大局。

"不计私怨成大事"是一种从全局着眼考虑问题的智慧，老板一定要善于分析眼前的形势，懂得其中的利弊，这样才能避免误判带来严重后果。

（2）培养超然的心态，不囿于仇恨的束缚。

工作中难免遇到不如意的事情，与其将仇恨记在心头，不如以超然的心态与员工携手开创新局面。

【人才宝典】　　不计较个人恩怨，实际上是考验一个人能否战胜内心的束缚走向成功，所以想要在成功的道路上走得更远，必须具备这种广阔胸襟。

3. 多一些领导，少一些管理

工作中，"纯粹的管理"和"纯粹的领导"都不能很好地发挥作用。我们主张多一些领导，并不是排除一切管理，而是要强化领导的优势，多一些领导，少一些管理。

（1）关键时刻需要有力的领导

在相对稳定和繁荣时期，有限的领导与强力的管理相伴似乎使公司运转良好；在公司发展、转折的关键时期，有力的领导伴随着某种适度的管理，可能更符合公司运作的要求。

（2）领导是真正的制胜之道

无论什么时候，如果过分强调规范的管理体制而忽视领导作用，公司就不会取得重大发展。特别是竞争日趋激烈、商业环境发生改变时，老板仅做管理工作肯定不行，公司更需要的是老板的领导和决策能力。管理虽然重要，但领导才是真正的制胜之道。

【人才宝典】 优秀的管理者不会让员工觉得他在管人。管理应具有层次，而大老板在领导与管理中应体现出这种层次，避免"越俎代庖"的现象发生。

4. 培养从善如流的心态

商业决策考验老板的智慧，有效的决策之道在于群策群力、兼听独断。通常，老板善于听从下属、客户的意见，才能全面掌握情报，精准判断。

（1）善于听取不同意见。

多听取不同的意见，有利于在对比中发现玄机，在全面归纳中找到真相。正所谓"兼听则明、偏信则暗"，一个人只有广泛听取各种意见，才能获得中肯的评价。

（2）不对他人抱有偏见。

从善如流要求我们对身边的人和事坚持公正的原则，不能产生先入为主的看法，这样才能做到扬长避短、趋利避害。

【人才宝典】　　"从善如流"指听从好的、正确的意见，就像流水向下那样迅速、自然。老板作出各种决策，都需要广泛听取他人的意见。特别是对那些中肯的意见，更需要善于采纳，从而在竞争中决胜千里。

5. 最重要的是以德服人

以力服人，别人不是真心地服从，而是屈服于力量的悬殊；依靠自己的德行让别人心悦诚服，这才是完全出于自愿的信服。老板作为一个团队的舵手，尤其需要以德服人。

（1）公司运行离不开"德治"。

"德"是大家公认的为人处世智慧和一般原则，所以具有很大的效力。它在每个人的内心深处广泛存在，是一种潜意识中的力量存在。公司是由千百个人组成的，其良性运转也离不开有道德感的人，离不开老板的"德治"艺术。

（2）为员工做出表率。

做人要讲操守，最聪明的做法是自己要能起到表率作用，这样，别人才能服从你。老板是员工目光的焦点，必须在公司里做好表率，为下属树立榜样。要求员工做到的事，自己必须首先做到，如果连这点都没能做到的话，就很难取得大家的信服和认可。

（3）公生明，廉生威。

这里所说的"公"，简单理解就是以公心取得下级或同级的信任。立场公正，不偏不倚，必然受到大多数人的拥护，威望由此而生。"廉生威"，表现为廉洁榜样作用所产生的吸引力、凝聚力和号召力。老板洁身自好，廉洁奉公，必然引导下属清白做人。

【人才宝典】　　凭自己的实力且假以仁义之名去讨伐别人，可以称霸天下，但其必定有大国作为他的后盾；凭自己高尚的德行推行仁政的人，可以实行王道，使天下归附于自己。老板用人，也是如此。

6. 老板要隐藏个人好恶

"一个人如果被他人看透了内心，就没有容身之地了。"游走商海，适当隐藏个人好恶，是老板保护自身利益、引导员工敬业的必要手段。

中国人在与人交往的时候最讲究察言观色了，实际上，这就是在体察对方的个人好恶。在商业谈判的时候，隐藏个人好恶才能避免对方顺水推舟，从而有效维护组织利益；与下属接触，隐藏个人好恶才能提升领导权威，增加威信。

（1）别把个人喜好和盘托出。

一些人总是喜欢表现自我，所以很容易把自己的喜好都告诉对方，结果使自己暴露无疑，根本没有安全藏身的地方，这种做法是不明智的。

（2）听取他人意见时要态度谨慎。

在沟通中涉及一些重大的人、事以及利益关系时，老板要格外小心，不能轻易外露自己的好恶，否则对方就会按照我们的意向乱说，把真实情况曲解了，使自己失去了正确决策的依据。

【人才宝典】　　老板是团队里的关键人物，其一举一动都会受到大家的注目，成为关注的焦点。老板善于隐藏个人好恶，不让大家在讨好自己这件事上浪费太多精力。

7. 老板坐下，部下就躺下了

（1）以身作则，带领大家创造良好的工作局面

老板总是处于众目睽睽之下，所以做任何事情的时候都要明确自己的职责和使命。而且，只有领导者严格要求自己、遵守组织纪律，才能影响部下照着自己的样子去做产生良好的推动作用。

（2）放下架子，在细节之处维护组织的文化理念和价值观

一些老板借口公务繁忙，或者自身有某种优越感，总是不注意在细节上严格要求自己，结果很难对下属起到潜移默化的作用。所以，在细节上严格要求自己就显得很有必要了。

【人才宝典】　　领导身先士卒，率先垂范，会极大地唤起下属的崇敬感。

8. 不要被喜欢，要被尊敬

老板以领袖魅力征服员工，不仅需要以德服人的柔性技巧，还需要适时

扮演"黑脸"的手腕。对领导者来说，"被尊敬"比"被喜欢"更重要。

没有一家大公司，尤其是极超前同行业的大公司能够幸免于"上帝之鞭"。执鞭的执行主管处事严苛、雷厉风行，在令人讨厌中赢得了敬畏。对老板来说，如果你决定做一个严厉的领导人，最好拥有以下长处：

(1) 有过人的才智，可以从早到晚不断提出严厉的问题。

(2) 凡事必须公正无私，实施处罚能做到毫无偏袒。

(3) 严于律己，能保持最高绩效。

(4) 随时保持戒心，提高警惕。

(5) 反应机敏，出色化解他人的批评。

(6) 胜任救火队长的角色，能处理别人棘手的问题。

(7) 有训练新兵的心理准备，并能玩转任何愣头青。

【人才宝典】　你的下属不会喜欢你，但是会尊敬你——只要你能证明你比他们更强悍，而且你要求自己比要求他们更严格。

9. 喜怒都不表露在脸上

"喜怒不形于色"，即尽量压抑个人的感情，而以冷静客观的态度来应付事情，具备这种本事的人才配当老板。这种性格至少有三大优点：

(1) 冷静处事，稳定人心。

遭遇困难时，如果老板露出不安的表情或慌乱的态度，便会影响到全体员工，一旦根基动摇，就会带来崩溃。因此，如果能保持若无其事的冷静态度，最能安抚人心。

(2) 深藏不露，掌控全局。

把思想感情隐藏起来，不让别人窥视自己的底细和实力，这样下属就难以钻空子，会觉得上司神秘莫测，从而产生畏惧感。上司在暗处，下属在明处，控制起来就比较容易了。

（3）从容镇定，成竹在胸。

在对外交涉谈判时，应该具有从容镇定、成竹在胸的泱泱大风。如果把持不住露出感情，如同自掀底牌一般，容易被对方控制，而屈居下风。

【人才宝典】　不轻易表露自己的观点、见解和喜怒哀乐，被称为"深藏不露"，这是古今中外成功的领导者用以控制下属的一种重要方法。

10. 以成熟老练赢得人心

作为领导，不论处理任何事情，老板都应该显得比下属更成熟老练，更能把握分寸，更能始终保持自己的风度和尊严。下面这五种方法可以帮助你把自己锻炼成一块老姜。

（1）表现出一贯的沉静与乐观，处事不惊；

（2）凡事多为属下着想，学会将心比心；

（3）多向善于处理人际关系的人学习，反复研究他的处世方法；

（4）要在思想上和行动上协助配合他人工作；

（5）对人多宽容、忍耐和担待一些，自己活好也让别人活得好。

【人才宝典】　成熟老练当然不等于老奸巨猾，也不等于怕事避事，而是要在不引起任何人情绪波动的前提下，适当把话说得更圆满，把事情处理得更得体的处事能力。

11. 企业家精神引来追随者

老板能够把生意做好、做大,除了必要的管理才能,一个重要本领是以自己的人格魅力、商业理念吸引优秀分子聚集到自己身边,靠这种企业家精神打造出一支战无不胜的团队。

(1) 创新是企业家精神的灵魂。

(2) 冒险是企业家精神的天性。

(3) 合作是企业家精神的精华。

(4) 敬业是企业家精神的动力。

(5) 学习是企业家精神的关键。

(6) 执著是企业家精神的本色。

(7) 诚信是企业家精神的基石。

(8) 服务是企业家精神的归宿。

【人才宝典】 振臂一呼,应者云集的领导能力决不是一个权力赋予的,没有追随者的老板剩下的只是职权威慑的空壳。是追随者成就了领导者,领导的过程就是争取追随者的过程。企业家精神是老板赢得追随者的利器。

12. 要权威不要淫威

没有感召力的权力,充其量也只不过是一种淫威。其危害在于它不能让手下甘心折服,只会让自己的屁股坐不稳当。为此,老板必须把握下列六点:

（1）倾听。让员工喜爱接受你的讲话，并知道你也喜爱他们向你报告情况。

（2）赏识。员工有时讲出话并不是信口开河，而是多日思索的结果。

（3）帮助。只要有必要，老板就该屈尊去帮助下属，目的是顺利完成工作目标。

（4）沟通。老板要常常告诉员工，自己的期望是什么，这样能避免误会。

（5）激励。遇到再大的困难，老板不要泄气，而应多给员工鼓气。

（6）淡泊。老板应虚怀若谷，把业绩看做是群策群力的结果。

【人才宝典】　　　有魅力才有感召力，有感召力才能让属下自愿追随。

13. 时刻维护领导名声

名声是一个人立足的根本，是外界对他的评价和认同度。老板维护好名声，不仅是领导工作的需要，更是公司发展的需要。

（1）平时检点个人言行，做一个有修养的人。

个人名声的建立需要我们精心维护，并注意在日常工作中身体力行。把握工作的流程、掌握领导的要义，并加强个人修养都是很重要的。

（2）展开公关，化解声誉危机。

出现信誉危机的时候要采取积极的措施加以挽救，而不能视而不见，无所作为。一个人对自己的名声必须积极维护，一旦出现误解就要加以解释，千万不能有半点疏忽。

【人才宝典】　　　有声望的老板让人追随，其领导力也会让人难望其项背。

第十二章
栽培部下，独当一面：
把人才变成将才，就没人能打败你了

从 0 分到 90 分很容易，而从 90 分到 100 分却很难。但是善用人才，可以让公司从 90 分继续成长到 200 分、300 分，甚至更多。制胜之道在于，当别人培养人才的时候，你要培养将才。人的潜能是无限的，把人才变成将才，就能战无不胜，就没人能打败你了。

1. 把人才变成"将才"

路线确定之后，干部就是决定性因素了。这里所说的"干部"就是"力轻扛鼎，足轻戎马，搴旗取将"的人才。那么，如何进一步激发他们的热情，使之成为将才呢？

（1）发现骨干人才。

要把骨干人才的发现和选拔作为一个长期的战略任务来做，要利用各种机会持续不断地进行这一工作。不同于企业的一般招聘，那些独当一面的优秀人才往往需要企业领导人在日常事务中完成，甚至借助猎头公司的力量。

（2）给予优厚物质激励。

聘用骨干人才时要舍得给予优厚待遇。"一分价钱一分货"，货好价格自然就高，值得重金相聘的人也必是业务精通、忠心得力的人。所以企业领导人在用人的问题上不要吝惜钱财，必须充分显示出对人才价值的肯定和尊重。

【人才宝典】　　许多时候，将才不是天生的，而是在老板的支持下大胆干事，逐渐磨砺出来的。为此，领导人要敢用人，舍得花钱，让人才一次次爆发出惊人的战斗力。

2. 铁腕老板带出"铁军"

俗话说，慈不掌兵。领导人心慈手软，往往优柔寡断，难成大事。带出一批精兵强将是老板的头等大事。为此，做一个铁腕人物，就显得极其必要了。

公司的运转和管理需要铁腕的老板，同样也需要有下列铁的管理原则：

（1）要坚定

坚定性是指挥的要诀之一，灵活性又是指挥艺术的核心，这两者在实践中是辩证统一的关系，灵活性不是离开原则性的灵活，在落实决策目标时要从实际出发。

（2）要变通

管理中的重大战略决策在实施过程中，会出现这样那样的情况和问题，这就要求在实施决策过程中进行适当的变通。

（3）要有重点

一般说来，没有重点就没有政策。在实施决策过程中，一方面要抓住主要矛盾，重点解决那些急需解决的问题；一方面又要在解决主要矛盾过程中注意灵活地把握政策。

（4）要有权威

实践证明，没有权威就不能指挥。

（5）要有民主性

这里的关键，是要把实施决策的灵活措施交给下属进行充分的民主讨论，认真听取并吸收大家合理的意见，这样既能调动下属的积极性，又能丰富指挥者的经验。

【人才宝典】　　　只有言出必行、令行禁止、意志坚决的老板，才能带出一支强大的"铁军"！而这支铁军，必然具备出色的执行力，大大提升团队的战斗力。

3. 敢用，"将才"脱颖而出

2001 年，鸿海集团旗下最大的一块事业版图——富士康控股公司成立了手机制造单元。当时，郭台铭聘用的老板是戴丰树——他拥有东京帝国大学博士学位，并且在丰田汽车工作了八年。

许多人产生了疑问，一个做汽车的，能把手机做好吗？郭台铭的回答既自信，又大胆："车子的零件有两千多种，但手机只有两百多种，你说能不能做好？"

戴丰树不负众望，从欧洲关键零件到美国设厂，他一开始就参与手机的全球布局，五年间鸿海创造出来的营业收入大约是两千亿新台币，也是鸿海

2006 年成长最快的部门。

在投资人才方面，郭台铭一向敢用人，也舍得花钱。实际上，我们从郭台铭使用人才的大手笔上，看到的是他做事的决心。老板有这种信心，部下自然会卖命，又何愁不出业绩呢？

【人才宝典】　人的潜能是无限的，在工作中大胆任人，"人才"自然经过实战的焠炼，变成"将才"。

4. 任用比自己更出色的人

在某一领域，下属比老板强很正常。承认下属比自己强，并不是件丢人的事，因为发现和培养人才是重要的领导职责。

（1）对于能力强的下属，要给他们安排富有挑战性的工作，只有这样才能充分调动他们的积极性，最大限度地发挥他们的潜能。

（2）一般有能力的下属都有点恃才傲物，有时甚至爱自作主张。作为总经理，必须要用制度约束他们，多与他们进行思想沟通，力争达成共识和共鸣。

（3）能力强的员工过分张扬，就容易招致其他组织成员的嫉妒甚至反感，成为组织成员中的众矢之的。遇到这种情况时，管理者要善意地艺术性地帮他改正缺点、更新观念，使组织形成团结合作、积极进取的健康氛围。

【人才宝典】　老板使用比自己能力强的人越多，其事业成功的概率也越大。

5. 在下属中选骨干

火车跑得快,全靠车头带。因此,选好火车头至关重要,这就要求老板必须善于选拔骨干人才。在下属之中选拔骨干,加以提升,并不是胡乱的选拔、胡乱的提升,一定要建立在有所根据的基础上。

(1) 才干,品德,缺一不可。

一些下属在业务能力、技术水平等方面的确高人一筹,出类拔萃,但是,他们却缺乏起码的职业道德,经常违反工作条例,不能给其他下属留下好感。这样有才无德的人,如果被你不加分析地选拔上来,就很难说服其他下属,弄不好大家还会产生抵触情绪。

(2) 不要老好人,要实干家。

一些下属善于拉拢人心,待人接物可圈可点,工作上从不违反工作纪律,对同事、上司和其他人都一团春风、八面玲珑。但是,这类人在实际工作中却是水平低、能力差,工作任务勉勉强强能够完成,且质量极差。将才一定要有真才实干,因此对花架子必须敬而远之。

(3) 帮助骨干人才成长。

一旦发现骨干人才品德优秀,能力超群,老板就大力培养,帮助他们尽快适应新岗位,并在完成艰巨任务的过程中加以提携。

【人才宝典】　　本土制造的优秀人才,深刻洞悉组织文化,掌握公司发展趋势,因此把他们培养成将才的成本最小,效用最高。

6. 可以提拔的九种员工

员工被提拔是激励员工工作热情的一种方式。但哪种员工适合被提拔就需要领导者的火眼金睛了。一个公司要想逐渐壮大起来，就需要优秀的员工不断的被赋予重任，为公司效劳。以下九种员工适合被提拔：

(1) 提拔勇于承担责任的人

有些员工在自己负责的工作发生过失或延误的时候，总是举出许多的借口这种将责任推卸得一干二净的人，不能信任。

(2) 提拔忠诚于单位的人

所谓忠诚就是热爱单位及自己的工作。员工若不爱自己的工作就不会有创造性，就会产生"当一天和尚撞一天钟"的现象，让它蔓延下去，对工作危害极大。

(3) 提拔忠实执行领导命令的人。

一般来说，领导下达的命令无论如何也得全力以赴，忠实执行。这是员工必须遵守的第一原则。

(4) 提拔知道自己权限的人

员工必须认清什么事在自己的权限之内，什么事自己无权决定，绝不能混淆职责界限。

(5) 提拔比自己聪明的人

从人的虚荣心和安全感方面来看，很多人只愿意雇用比自己稍逊一筹的人做下属，而不乐意用比自己更聪明的人。

(6) 提拔领导不在时能负起留守职责的人

有些员工在领导不在的时候，总是精神松懈，忘了应尽的责任。

（7）提拔能"自我节制"的人

在现代社会，由于消费水平日渐提高，普通阶层总会感到"钱越来越少"，如果每一位员工都能在日常生活里量入为出，有所节制。领导就省事多了。

（8）提拔致力于消除领导误解的人

领导并非圣贤，也会犯错或是发生误解。事关工作方针或是工作方法，领导有时也会判断错误。

（9）提拔向领导报告能自己解决问题的人

员工自己处理好的问题如果不向领导报告，往往是领导不了解实情做出错误的判断或是在会议上出洋相。

【人才宝典】　每个员工在自己的岗位上都有想要被提拔的念头，被提拔才会有更加强烈的工作热情，更有干劲。作为公司的领导人，不能凭感觉盲目的提拔员工，而是要选择适合被提拔的人才。让员工在不断提升的过程中，其实也是对公司人才的一种更新。

7. 重视刚毕业的大学生

刚从学校毕业的大学生就像"八、九点钟的太阳"，散发着令人眩目的光彩。他们是时代的新鲜血液，将会为公司带来勃勃生机。如何使用这些年轻、充满活力的人才呢？实践证明，应着重发挥他们的显著优势：

（1）受教育水平较高。

大学教育让新人掌握了较高的认识问题、分析问题乃至解决问题的能力。他们一般都有本科文凭，有的甚至是硕士或博士，而且熟练掌握外语和计算机。

（2）精力充沛。

刚毕业的新人大多是 20 几岁的年轻人，处于人生中黄金时段，而且又怀着想成就一番事业的理想，因此他们愿意承担繁重的工作。

（3）感觉敏锐。

年轻新人给企业带来的另一个优势是，对事物的反应快，能迅速认清事物，接受新事物的速度快。他们比老职员更快领会变化的意义，干出业绩。

（4）有经济观念。

大学毕业生接受了市场经济观念，走上工作岗位后能很快处理好公司、工作和个人之间的关系，能很快在市场经济的海洋中畅游。

（5）创作力旺盛。

"初生牛犊不怕虎"，大学毕业生有旺盛的创作力，敢于提出自己的想法，愿意在规定的工作时间内，全力以赴。

（6）有充分的表现欲。

年轻的大学生参加过学校社团、协会，大多有出色的语言表达能力。这样敢讲会讲的公司新人常常会很快脱颖而出，受到老板的重用。

【人才宝典】　　公司发展必须与时俱进，在人才使用上也要输入新鲜血液。刚毕业的大学生充满朝气、创造性，是众多大公司争抢的对象。

8. 在赛马中识别好马

一匹骏马能够跑多快，跑多远，都能在赛道上反映出来。公司使用人才也一样，老板判断人才优劣，必须在工作中去考察、识别。

（1）要有赛场，即为人才提供合适的岗位，让他们有施展的舞台。

(2) 要有跑道划分,人才不能乱哄哄挤成一团,必须引导他们有序竞争。

(3) 要有比赛规则,即建立一套科学的绩效考核和奖励评估系统。

(4) 要有考验,即为人才安排一连串有挑战性的工作,看对方的表现。

(5) 要有驯马师,即人才需要向有才能的同事和上司学习。

【人才宝典】 老板栽培部下,选用骨干,必须根据部下真实的才华而定。"在赛马中能识别好马",是选用优秀人才的高超策略之一。

9. 化 "平庸" 为 "卓越"

一个卓越的将军源自一个平庸的士兵。好的下属是具有可塑性的,而将一个资质平庸的下属,培养成卓越人才,谈何容易,不是每位负责人都有这份雅量和耐性。但是,为了公司可以发展壮大,就要想尽办法培养一批精兵强将。以下几种下属值得培养,可供企业负责人参考:

(1) 在下属中选择认真稳重的人

一边工作,一边吃零食的下属稍嫌缺少专注和稳重,只有那些工作时连私人电话都不愿接的下属,才可作为首选。

(2) 选择脾气怪的下属

有些下属不大合群,却也不被人讨厌;这些下属独来独往,有着为一般人所不易接受的习惯;虽然他表现平庸,但却很难猜透他是否已尽全力。

(3) 在学习上给他压担子

让他在工作中抽出时间学习新知识,看他的态度如何,如果他一脸疲怠，并表现出厌烦情绪的话，就放弃培训他吧；如果他能孜孜不倦地学习新知识，那就要注意培养。

（4）带他出席高层会议

要他细心聆听各人的意见，加以分析，并鼓励他在可能的情况下在会上发言；私下里要向高层领导坦言有意培养他。

【人才宝典】　　一个平庸的下属，经过正规系统的培训，照样可以成为卓越的精英。而作为公司的负责人，就要识别哪些下属值得去栽培。对于那些有上进心，有抱负的员工耐心地进行培训，将会为公司培养一位卓越的英才。

10. 如何挑选主管

主管是老板最得力的助手，是一个单位最关键的职能管理人员。主管素质的好坏，往往直接关系到整个公司的兴衰。

选用主管型人才的时候，老板务必要进行特别的掂量和权衡。那么，什么样的主管才是老板心目中的理想人选呢？

（1）主管必须与老板在性格上相投。

主管能理解老板的感情变化，不在下属面前显示自己不可一世，或在公司内部拉帮结派。遇事与老板通气、汇报，尊重老板的意见，才会有完美的合作。

（2）主管要有辅佐老板开拓经营领域的能力。

作为助手，主管要弥补老板的短处，有时候代理老板处理某方面的重大问题。在选用主管的时候，最好选择能发挥老板长处的人。

(3) 主管对员工进行提升时，坚持公正的原则。

主管连接基层与高层，发挥着承上启下的作用。在选用基层员工的时候，主管必须从大局出发，坚持公正的原则，维护好团队和公司的利益。

【能人定律】 无论多大的公司，老板是一城之主，主管与老板之间保持和谐的人际关系是最重要的。

11. 选择副手的六个法则

无论是公司的老板还是创业者，单靠自己的力量是应付不来所有事情的，都需要副手的协助。著名商人马云之所以能够创业成功，也是因为他有一个强大的团队，有真心可以帮助到他的人才，才使得公司变得强壮起来。领导人在选择副手的时候，有以下六个原则：

(1) 参与决策与有效执行法则

实践证明，副手参与决策程度越高，其责任心越强；执行越自觉，行为越规范，效率越高。任何只将副手当做自己的"传话筒"，或要求副手只能顺从己见不得有异议的领导，势必要失败。

(2) 发挥优势法则

每个人才都有各自的优势和劣势、长处和短处，因此总经理要善于发现员工的特长，然后根据自己的目标择优选取副手。

(3) 才职相称法则

被选人才的素质、才能一定要与所任职务的职权、职责、任务相称。

(4) 决策权可转移法则

领导人所选副手，一定要具备这样的素质，即领导因故离职、离单位时，能担负起对随时可能到来的重大问题的决策能力和相应的组织能力。

（5）主动结构法则

领导人在选配副手时，一定要考虑所选人才与自己能否形成合理的主动结构。

（6）员工接受法则

领导人所选的人才，一定要考查本部门大多数员工对该人才的接受程度，否则，会产生不良后果。

【人才宝典】　　　　对于领导者而言，所选拔的副手不仅是自己的助手，更是决策集体中的一员，选择一个合适的副手会让自己的工作完成的更加出色。因此，必须慎重选择。企业领导人可以结合公司的发展，为自己选择合适的副手进行培养，为公司的决策团体添加力量。

第十三章
以人为本，缔造幸福：
能留住人的公司应该像个家

幸福感高的员工，工作表现更出色，会获得更高的生产绩效，并且降低缺勤率和离职率。老板通过合理的薪酬体系、有效的精神激励、宽松的团队合作氛围、不定期的换岗轮岗等措施，打造幸福公司，会促进组织健康成长和壮大。

1.员工工作幸福感调查

"工作了，你幸福吗?"国内一家知名网站面向广大在职人员，针对这个主题做了一次市场调查。最后，收到5005份有效网上调查问卷。

在受访者中，60%拥有本科及本科以上学历，专科学历受访者占26.41%。在外商独资公司工作的受访者占40.20%，合资/合作公司工作的受访者比例为10.75%，民营/私企工作的受访者占26.73%，在国企/上市公司工作的受访者比例为11.51%。

那么，最后的调查结果如何呢？

□55.06%的受访者表示工作收入只能解决温饱问题。

□17.26%的受访者表示通过工作收入能帮助实现自己的理想。

□17.96%的受访者认为工作给自己带来了充实感，让人生变得有意义。

□9.71%的受访者从工作中获得了成就感，实现了自我价值。

从调查结果可以看出，大多数员工的工作幸福感普遍偏低。这直接影响到他们在工作中的表现，决定了他们的工作绩效不会太高。

【人才宝典】 　　幸福感，是一种心理评价指标。员工工作幸福感低，必然带来情绪低落，做事没有劲头。这种局面没有改观，效率就无从谈起。

2. 为什么要打造幸福公司

为什么要花精力打造幸福公司呢？有怎样的时代背景和客观需要呢？这里有两个重要的原因值得研究和探讨。

（1）远离抑郁症、过劳死。

近年来，越来越多的员工患上了抑郁症，或者选择了轻生，原因是身心俱疲，幸福感降低。还有一些高层管理者出现过劳死、英年早逝的情况，也是工作压力造成的。因此，打造幸福公司显得迫切而必要。

（2）降低离职率。

多项数据显示，在各个产业中，离职率大概都在20%以上。显然，如果老板能一手打造幸福公司，这个离职率就会大幅度下降，员工对工作的满意度，以及对组织的忠诚度就会大幅度上升，从而减少经济损失。

【人才宝典】 打造幸福公司可以大幅度地提升组织经营的效率，避免负面事件以及经济损失。这已经成为未来公司发展的一个重要趋势。

3. 幸福公司的六大指标

幸福经济的时代显然已经来临了。在这个大环境之下，公司应该做什么？幸福是怎样定义的？在此，老板要掌握幸福公司的六个衡量指标。

（1）以人为本的企业文化。

"以人为本"落实到幸福公司有四个关键词：一是受到尊重；二是被信任；三是被授权；四是被关怀。做到这四点，员工的幸福指数会上升。

（2）公平且具激励性的管理体系。

这其中有两个关键因素，一个是公平，另一个是程序正义，公司设立合理的绩效考核制度，这一点对于员工幸福感的提升效果，甚至超过公平。

（3）开放、高效的组织沟通。

这里有两个重要因素：一是组织沟通文化公开透明；二是高效沟通，即信息顺畅，信息可以在公司里不断地流动。

（4）高情商的人力资本。

如果公司的人才都是高情商的，会产生一种职场幸福能力。这样的员工很容易因为彼此人格特质互动，创造一个更高幸福氛围的公司。

（5）轻松有趣的工作氛围。

在轻松有趣的工作氛围里做事，喜欢从工作中享受劳动、创造的快乐，这是公司幸福的重要方面。这一点越来越受到 80 后、90 后职场新生代关注。

（6）强调促进工作和生活的平衡。

如果一个公司里非常强调工作和生活都平衡，也关注员工是不是平衡，就会比较容易有幸福感。这是员工情绪生产力的集中体现。

【人才宝典】 "快乐指数"是一个公司否进步的指标。公司持续、稳健发展，不但要看利润率，还要重视员工的快乐指数，这在很大程度上代表着公司的成长性。

4. 要把人放在第一位

老板开公司是为了赚钱，但是在经营中不能把钱当做重中之重，因为人才的智慧头脑是财富的源泉。在此，我们要学习犹太商人，自觉自愿地把人放在经营的第一位。

在英国，有些公司有比较优厚的职工福利待遇，然而最有效率的犹太商店马克士·斯宾塞零售公司却与众不同，它系统探讨的是那些影响到职工行为的"促进因素"。这些因素包括：尊重工作人员、注意工作人员的实际困难，承认和鼓励工作人员的努力和贡献，经营培训工作人员以发挥他们的才能。

该公司坚持的一条原则是，对人的照顾和关心。公司创始人米采·马克士说："只要把人放在第一位，就不会失败，做赚钱的事也是这样。"因此，在近100年中，公司没有发生过行业性大争端，在营业额、盈利、生产、管理和改革方面，毫不受干扰，业务蒸蒸日上。

【人才宝典】 大公司是一个大家庭，提供吸引人的工作条件，形成良好的人际关系，员工感受到应有的尊严和快乐，具备充足的幸福感，自然就兢兢业业，公司繁荣日上。

5. 营造健康的工作氛围

公司是一个有生命的机体。与人体一样,它也会感染各种损害健康的疾病,老板必须确保工作氛围健康才会带来员工的高效执行、忠心耿耿。

(1) 快速解决工作中的抱怨。

引起不满情绪的主要原因包括欺骗行为、朝令夕改、解决问题不力以及缺乏尊重。决不要惩罚反映真实情况的员工。

(2) 善于倾听基层的声音。

定期向员工征集意见反馈与建议,并给予相应的奖励。可以向雇员分发意见调查表,但要认真对待调查结果并迅速给以反馈。

(3) 尊重创新,焕发活力。

公司不欢迎"做一天和尚撞一天钟"的消极态度,而是尊重创新和奇思妙想,让员工从工作中获得乐趣和发展机会。

【人才宝典】 公司是否有些缺乏活力?是否每当新的一天开始都有些运行不畅?老板要定期为公司进行体检,让每个人专心做事。

6. 用好异性相吸的原理

"公司里没有男孩子,做起事来实在没意思"、"公司内缺乏男性,每天又做同样的事,做久了真觉得枯燥乏味"……

这种话多出自女性员工,男性嘴里虽不说但仍心有戚戚焉。工作中,男女搭配是一个基本原则，它符合"同性相斥，异性相吸"的原理，是增强员工幸福感的重要因素。

（1）松弛神经，调节情绪。

紧张工作之余，感受到异性的存在，通常会缓解疲劳。研究表明，男女搭配的办公室里，员工更懂得调节情绪，松弛紧张的神经。

（2）调整人际关系，缓和冲突。

男女混合编制，只要搭配合理，不但提高工作效率，也可成为人际关系的润滑剂，产生缓和冲突的弹性作用。

【人才宝典】　团队是一个由男女组成的整体，老板应该妙用"男女搭配，干活不累"的原则，增强员工的工作效率。

7. 老板影响下属情绪状态

老板的一言一行都会深刻影响到下属，包括影响他们的工作状态。研究发现，管理者消极影响下属身心健康的情况包括以下几种：

（1）上下交流不足。

保证交流顺畅是管理中的基本要求，但是能够真正做到这一点的老板寥寥无几。工作中上下交流不畅，会导致下属曲解工作要点，感觉到来自上司的压力。

（2）管理者反复无常。

老板朝令夕改，会给员工造成巨大压力。除了工作压力，反复无常还会导致对立情绪，让员工处于不良的精神状态，必然影响工作。

（3）员工无法宣泄。

极端愤怒的客户、居心叵测的同事、出现设备故障等，都会让员工进入紧张状态。因此，老板必须创造宽松的气氛，让大家可以自由地讨论这些令人头疼的情况，释放内心的压力。

（4）管理者不知感恩。

老板从来不对员工的努力表示赞赏，对方就会产生消极情绪：感觉被低估、受轻视、委靡不振。反过来，员工的工作业绩就会大受影响。

【人才宝典】　尽力减轻工作环境中的压力，利用一切手段预防并消除员工中消极失望的情绪，这样的老板才是缔造幸福公司的高手。

8. 做好员工情绪管理

（1）公司的情绪氛围会影响和改变员工的情绪，因此必须营造良好的环境氛围，提升员工的舒适度。

（2）营造良好的交流沟通渠道，让员工的情绪得到及时交流与宣泄。如果交流沟通渠道受阻，员工的情绪得不到及时的引导，这种情绪会逐步蔓延，影响到整个团队的工作。

（3）将工作条件与工作性质进行匹配，可以避免其消极情绪的产生。比如，广告业的工作特点是创新和个性化，因此墙体的颜色可刷成利于激发灵感的颜色。

（4）通过针对性的"情绪知识"培训，可以增强员工对公司管理实践的理解能力，激发员工的工作动机以适应组织的需要。

（5）公司文化不仅具有强大的号召力和凝聚力，而且对员工的情绪调节起着重要作用。优秀的公司文化能激励员工超越个人情感，以高度一致的情绪去达成公司的目标愿景。

【人才宝典】　　在公司里，不良情绪是一种流行病患，这种情绪感染具有人际间蔓延的特性，必须加以舒缓、引导和输导，让员工保持高绩效。

9. 员工不满是如何产生的

进行情绪管理，必须及时发现不良情绪的产生，并剖析其原因，然后才能对症下药，做好员工情绪调整。

(1) 观察：通过观察员工的精神状态，工作的积极性，工作态度等，及时把握员工情绪状态，了解组织情绪的走向。

(2) 感受：通过换位思考、切实把握员工对公司制度、规范、工作环境、工作内容、工作业绩等的实际体会。

(3) 交流：针对公司出现的抱怨、忧虑、烦躁、紧张、沉闷等消极情绪，可以采用个别交谈或谈心的形式，深入了解员工的情绪。

(4) 评估：设计专门的评估手段和评估指标，对员工情绪进行科学评估，并对评估结果进行分析，精确定位员工情绪的特征。

【人才宝典】　　轰动一时的"富士康13连跳事件"提醒老板，必须正视员工不良情绪的产生、预防，让员工学会释放压力，开心工作。

10. 实施员工帮助计划

员工帮助计划，即 EAP（Employee Assistance Program），又称员工心理援助项目、全员心理管理技术。

它是由公司为员工设置的一套系统的、长期的福利与支持项目。通过专业人员对组织的诊断、建议和对员工及其直系亲属提供专业指导、培训和咨询，帮助解决员工及其家庭成员的各种心理和行为问题，从而构建出一个良好的情绪氛围。

目前，美国有四分之一以上的员工常年享受 EAP 服务，有效提高了幸福指数，极大地提升了工作效率。在国内，联想等大公司也通过实施 EAP，有效解决了员工的精神亚健康问题。

【人才宝典】 关注员工心理健康，提升幸福感，已经成为公司获得稳定、持续发展的关键。借助科学的心理干预技术，能成功疏导员工不良情绪。

11. 用好心情感染员工

老板的言行往往具有很大的感召力，在必要的时候，你能够敞开胸怀、乐观豪放，员工也会增添无穷的力量。用好心情感染员工，请记住以下要点：

（1）主动向员工问好。

走进公司时，老板别忘记清清楚楚跟员工说声"你好!"让人觉得你充满朝气，性格开朗，对方也会被你的热情感染。

（2）跟新人握手。

对初来乍到的新人，老板应该主动地跟对方握手，以示友好。握手时，用力不宜太重，或是太轻，只要能让对方觉得你的热情就足够了。

（3）微笑着注视对方。

尽量争取直视对方的机会，大家目光相接的一刻，很容易拉近彼此的距离，令对方觉得你很尊重他。并且，带上微笑，对方会更受用。

（4）表达应有的尊重。

人人都愿意受到别人的重视，老板应该多向员工提出问题，表示你对他极为感兴趣。通常，谈话的内容除了一些私人问题，还可以有一些较深入的问题。

【人才宝典】　如果每个员工的情绪都不是很好，或者难以控制，而老板不及时调整改善他们的心情，整个队伍就会陷入低潮。

12. 让员工享受充分的自由

员工不仅是一双手，而是有思想有创造力的集体，他们能够主动改变公司的各个方面。让员工享受到充分的自由，不但有利于人尽其才，也能提高员工的幸福度。

（1）赋予一线员工更多的职责和更大的权利。

（2）打破阻碍思想和成果进行自由交流的禁区。

（3）鼓励员工在一个协作型的公司文化中分享见解。

（4）根除程序上的浪费、不合理和重复的环节。

【人才宝典】　真正能够推动公司发展的创新大都来自于第一线的头脑；一个公司经营的萎缩，也都从员工思想的僵化开始。

第十四章
呼唤人才，重用人才：大公司重用的八种人才

联想集团原董事局主席柳传志说："人才是利润最高的商品，能够经营好人才的企业才是最终的大赢家。"铁打的营盘流水的兵，在人才更新速度加快、新人频繁换旧人的背景下，大公司老板要重用八种人才。

1. 忠诚型人才

忠诚老实是中华民族的传统美德。从精忠报国的岳飞，到革命前辈的"舍小家为大家，舍自己为人民"，无不体现中华民族忠诚老实的优良传统。忠诚，是人才的可贵品质。

忠诚型人才是任何时代、任何领导者都欢迎的人，他们忠心耿耿的优秀品质构筑了他们在领导者心中不可动摇的地位，也确保了大公司稳健发展。

当然，这种忠诚绝对不是不经思考的"领导让干啥就干啥"式的"愚忠"，而是忠实地执行老板的意图和维护集体利益的忠诚，当老板的某些言行与政策相抵触或与公司的共同目标发生偏差的时候，他们也会义不容辞地

以适当的方式向老板提出中肯的建议。

【人才宝典】　　正确识别人才，挑选出最忠诚的下属，最直接的方法就是与他进行交流，留心他们日常谈话中的种种细节，从中获悉他们的观念、才学与品性。

2. 实干型人才

实干型人才是任何一家公司都需要的人才。少了这样的人，公司再伟大的战略和计划都会失去执行的人，一切都等于零。

这类人才通常以埋头苦干、任劳任怨、高效率、高质量、高节奏而见长，是老板身边不可缺少的人才。

但是，在大多数情况下，这类人往往缺乏自我保护的意识与能力，于是不免总被明枪暗箭所伤。因此，老板要注意为实干型的人才保驾护航，帮助他们遮风挡雨。

【人才宝典】　　说得通俗一点，实干型人才就是公司里的"老黄牛"。

3. 竞争型人才

少了竞争，大公司会失去活力。有了竞争型人才，公司才在复杂多变的环境下顺利过关。竞争性人才的优势在于，独立地处理好公司的问题，面对困难敢于拼搏，无嫉妒之心，有"敢为天下先"的魄力与激情，直至取得重大成就。

　　然而，正是这种人才不屈不挠的斗志与咄咄逼人的锐气，对老板容易造成心理压力，于是往往成为某些心胸狭窄的领导者不予重用、甚至贬斥的对象，他们也将比常人遭受更多的非议和委屈。

　　老板必须做到英明大度，认识到竞争型人才是公司开创新局面、拓宽道路所不可缺少的。当他们遇到多方面的困难时，要多给予关怀和爱护，并以一种豁达的心境主动地支持理解他们，并与之开展善意友好的竞赛。

　　【人才宝典】　　老板要与竞争型人才惺惺相惜，为对方的才华折服，为对方的业绩赞叹。

4. 潜在型人才

　　大公司使用人才，必须未雨绸缪，提早做好人才布局。如此一来，才能在关键时刻顺势而为，赢得竞争。

　　为此，老板必须注意开发潜在型人才，给予关照。通常，这类人才以年轻人为主，他们才华初露，充满朝气，敢为天下先。但他们涉世不深，思想尚未成熟，其才能处于隐蔽阶段，需要经过一段时间的培养与训练等，方能脱颖而出担当大任。

　　为了验证潜在型人才的本事大小，老板还要在机会适当的时候，给他们展示的舞台，让他们脱颖而出，让其晋升、加薪名正言顺。

　　【人才宝典】　　对潜在型人才，老板要有长远眼光和关怀爱护之心。

5. 技术型人才

美国能长期富甲天下，除了它优越的自然条件外，主要是因它的科学技术在世界居领先地位，而这又有赖于拥有大批一流人才。

为了容纳、引进和罗致天下人才，许多美国公司有两个法宝：一是给予高薪，二是为之提供良好的研究条件。

瑞士有一位研究生研制成功一种电子笔和一套辅助设备，其性能可以用来修正遥感卫星拍摄的红外照片，这一项重大发明引起全世界的注目。

一家美国大公司闻讯后，马上派人找到那位研究生，以优厚的待遇为条件，动员他到美国去工作。而瑞士一些公司也千方百计地要留住他，于是希望得到人才的各方展开了人才争夺战，弄得不可开交。

最后，精明大胆的美国人说：“现在我们不加了，等你们加定了，我们乘以5。”就这样，这位研究生连人带笔一起被弄到了美国。

在科技日新月异的今天，技术型人才成了大公司争夺的目标。为了在市场竞争中取胜，老板必须取得关键技术、获取技术型人才的支持。

【人才宝典】　　为了促进利润提升，为了占据竞争优势，老板必须舍得在科研上花钱，重用那些掌握关键技术的人才。

6. 补充型人才

补充型人才发挥着补充、完善的功能，在某些方面是不可替代的。一般来说，他们最适合做老板的副职。这类人才可以分为两类：

（1）自然补充型。

即具有老板短缺、不足方面的长处，进入高层班子以后能够发挥互补的功能，以其之长补领导之短，可以有效强化领导班子的优势。

（2）意识补充型。

即能自觉地意识到自己的地位与作用，善于领会老板的意图，认识到老板的长处与短处，积极地以己之长去补老板之短。

【人才宝典】　　补充型人才是老板的加速器，能够让老板的领导才能倍增。

7. 专家型人才

一个公司是由两部分组成的，一部分是它的领导层，另一部分是它的实业层。前者是公司的外壳，需要的是管理人才；后者是公司的核心，需要的是专家型人才。

具体来说，专家型人才包括许多类别，比如人力资源专家、成本控制专家、市场营销专家、物流专家、财务专家，等等。

专家型人才最大的资本就是精通业务，他们凭借高深的专业知识和技能，具有很强的排他性。这类人才不但很难被其他人代替，而且对老板来说也是不可或缺的，他们是公司决策、管理的信息提供者，以及中长期发展计划的管控、监管者。

【人才宝典】　　大公司就是一个庞大的机器组织，每个环节都要有专业人士把关。专家型人才扮演着督导、顾问的角色，是整个团队的精英人士。

8. 老总型人才

对于一个有作为的老板来说，选择好身边的副职是至关重要的。这些副职干部，就是通常所说的老总型人才。

具体来说，老总型人才有如下性格特点：厚重、沉稳、威信高、服众、大度、知人善任、能搞好人际平衡、目标明确、性格坚毅。缺点是容易固执，为达目的不择手段。

在选择老总型人才担任副手时，要遵循六个原则：第一，参与决策与有效执行法则；第二，发挥优势法则；第三，才职相称法则；第四，决策权可转移法则；第五，主动结构法则；第六，员工接受法则。

【人才宝典】 老总型人才太多，会造成公司决策混乱，多人拍板，正常指挥失灵。因此，一个团队里真正的老总，只能有一个，那就是老板自己。